ZHISHICHANQUAN QINQUAN SUNHAI
PEICHANG WENTI YANJIU

知识产权侵权损害赔偿问题研究

刘筠筠◎编著

全国百佳图书出版单位

图书在版编目（CIP）数据

知识产权侵权损害赔偿问题研究/刘筠筠编著. —北京：知识产权出版社，2017.1
ISBN 978 – 7 – 5130 – 4706 – 7

Ⅰ.①知… Ⅱ.①刘… Ⅲ.①知识产权—侵权行为—赔偿—研究—中国
Ⅳ.①D923.404

中国版本图书馆 CIP 数据核字（2017）第 004074 号

内容提要

知识产权侵权损害赔偿问题的解决直接关系到知识产权司法保护的力度和知识产权权利人的切身利益，加强这些问题的研讨有十分重要的观实意义。本书就知识产权侵权损害赔偿的构成、过错的认定、民事责任的形式和损害赔偿范围等，进行深入研究，以期对立法和司法实践有所裨益。

责任编辑：石红华		责任校对：王 岩	
封面设计：张 冀		责任出版：刘译文	

知识产权侵权损害赔偿问题研究

刘筠筠 编著

出版发行： 知识产权出版社 有限责任公司	网 址：http：//www.ipph.cn
社 址：北京市海淀区西外太平庄 55 号	邮 编：100081
责编电话：010 – 82000860 转 8130	责编邮箱：shihonghua@ sina.com
发行电话：010 – 82000860 转 8101/8102	发行传真：010 – 82000893/82005070/82000270
印 刷：北京中献拓方科技发展有限公司	经 销：各大网上书店、新华书店及相关专业书店
开 本：787mm×1092mm 1/16	印 张：11.5
版 次：2017 年 1 月第 1 版	印 次：2017 年 1 月第 1 次印刷
字 数：172 千字	定 价：35.00 元

ISBN 978 -7 -5130 -4706 -7

目 录

总 论

分　论　知识产权侵权损害赔偿判例研究

总　论

第1章

知识产权法定赔偿基本理论概述

知识产权法定赔偿产生的现实环境是知识产权侵权案件取证的难度大、判决所经时间较长，从而导致知识产权侵权案件久拖不决，与市场经济中的效率性相悖，与权利人主张权利的及时性相悖。为了给知识产权侵权纠纷提供一个新的思路和赔偿模式，平衡公平和效率的关系，许多国家采用了知识产权法定赔偿制度，将赔偿数额以法定的形式确定下来，及时地给予权利人相应赔偿，使知识产权尽快投入市场经济中，发挥知识的无限作用。

1.1 知识产权法定赔偿的概念

1.1.1 学界对法定赔偿的定义

法定赔偿又被称作定额赔偿，其赔偿标准并不是严格意义上的实际损失，而是由法律根据一定的情形规定的。实践中，知识产权侵权案件取证难，确定实际损失难度大，导致侵权案件诉讼周期长，这为法定赔偿制度的产生和发展提供了现实基础和理论空间。

理论界对知识产权法定赔偿的定义存在分歧，主要持有以下三种观点。

第一种观点：指由立法、司法解释等形式确定知识产权侵权损害的赔

偿限额，法院在此限额酌情判付。❶

第二种观点：指对于网络上的著作权侵权，以法律或者司法解释确定一定的赔偿幅度，在权利人实际损失和侵权人获益情况难以确定，且不能通过其他方法确定侵权人的赔偿数额时，由权利人请求，法院根据侵权行为的具体因素，在该幅度内确定侵权人应赔偿给权利人的数额。❷

第三种观点：指由法律明文规定，因不法侵害对知识产权权利造成损害，应赔偿权利人损失的具体数额（或数额幅度）。在法院无法查明权利人实际损失和侵权人营利额时，或者权利人直接要求按法定最低赔偿额进行赔偿的，法院按法定赔偿额确定侵权人的赔偿数额。❸

1.1.2　法定赔偿定义辨析

上述观点，从适用主体上可以分为两类：第一种观点的主张前提是由法院主动适用，第二种观点和第三种观点支持法院、权利人两种适用主体。显然，第一种观点对法院主动适用法定赔偿是大力支持的，在限额内酌情判付给予了法院很大的自由裁量权；第二种观点和第三种观点有一相似之处，即由权利人（或者受害人）请求或者直接提出要求，法院才可以按照法定赔偿确定赔偿的数额。

从赔偿额度上来说，第一种观点指的是赔偿限额；第二种观点认为应当分幅度，在幅度内确定赔偿额；第三种观点认为赔偿额应当是权利人实际损失的数额或者数额幅度。从适用范围上而言，第三种观点的赔偿范围是针对不法侵害的，对于善意侵权的考虑有所欠缺。

从适用顺序上看，第一种观点未涉及适用顺序；第二种观点主张的是末位适用，即在各种方式都不能确定权利人损失的情况下，才适用法定赔偿制度；第三种观点主张的是并列适用，既可在无法查清权利人实际损失或者侵权人违法所得时适用，也可由权利人直接要求适用。

对于法定赔偿，笔者认为不能将其局限在法律列举的几种情形中，相

---

❶　王惠中. 知识产权法定赔偿方式的适用［J］. 河北法学，2002，（20）3：60－63.
❷　姜志刚. 法定赔偿制度的法律思考［N］. 中国知识产权报，2001－4－20.
❸　蒋志培. 论知识产权侵权损害的赔偿［J］. 电子知识产权，1998，4：16－18.

反，法律应该作出禁止性条款来扩大法定赔偿制度的适用。同时，对法定赔偿的适用主体加以扩大，将法定赔偿作为一项独立的赔偿制度，区分善意侵权与恶意侵权情形下法定赔偿的具体适用，完善法定赔偿制度，凸显法定赔偿的价值。

因此，对知识产权法定赔偿定义为：在知识产权侵权纠纷中，由法律在规定的赔偿限额内划分一定的幅度，由权利人申请或人民法院建议适用，用以确定赔偿数额的一种独立赔偿制度。

1.2 法定赔偿的理论基础和现实意义

1.2.1 理论基础

法定赔偿制度目的在于提高效率，平衡权利人、侵权人之间的利益，此外，法定赔偿是一种金钱上的赔偿，权利人和侵权人之间因侵权行为产生债权，债权请求权也是法定赔偿制度的有力支撑。

1.2.1.1 效率价值

法律是根植于经济中的上层建筑，担负着有效配置权利和资源、推动社会财富增加的重任，尤其在知识经济飞速发展和备受重视的今天，知识经济的财富创造力是无限的，法律对知识产权经济的保护和推动在公平正义的基础上，效率评价不可或缺。

知识产权法定赔偿的效率价值在法律经济学中最能得以体现。效率是法律经济学的核心思想，知识产权侵权纠纷取证难、确定赔偿数额难都导致诉讼周期长，而法定赔偿带来了效率上的提高。效率价值为我们正确认识和评价知识产权法定赔偿制度奠定了理论基础，开拓了新的思维方向。

1.2.1.2 利益平衡

知识产权法定赔偿制度与"利益"存在着天然的联系，其产生缘由即为消除利益的不平衡。不同的利益主体有着不同的利益。无论是专利法还是著作权法、商标法，都需要在各种利益之间予以平衡和协调。在利益发生冲突时，选择一项能够让双方接受的方式来化解利益冲突，是法解决实践问题的最好体现。

在知识产权侵权纠纷赔偿中，通常表现为权利人权利的妥协退让。其原因在于，若能够证明权利人因侵权行为所遭受到的具体损失，对于适用法定赔偿不利的侵权人而言，肯定不愿适用法定赔偿，因法定赔偿的金额要比实际获利更多。若确实难以或者无法查明权利人的实际损失或侵权人获利情况，双方适用法定赔偿也有利益平衡的考量：权利人一方起诉的目的不仅在于要求侵权人赔偿损失，要求法院判令侵权人停止侵权也是重要的一部分，在侵权人停止侵权的基础上，低于实际损失的法定赔偿额也能够被权利人一方接受；从侵权人方面看，低于实际损失的赔偿额并未给他带来亏损，侵权人也能够接受。

这是我国现行知识产权法律中法定赔偿制度完全适用全面赔偿原则（或填平原则）的缺陷，与知识产权的利益平衡相悖，不利于对知识产权权利人的保护。因此，在将来法定赔偿的完善中更应注意利益平衡的考量。

1.2.1.3 债权请求权

在知识产权法研究中，学者们通常忽视了民法对知识产权法的指导和贯穿作用。知识产权法作为一个整体，包括专利法、商标法、著作权法、集成电路布图设计法、植物新品种法等，同时与反不正当竞争法密切相关，对民法而言是一个特别法。按照特别法的适用理论，凡是知识产权法中有特别规定的，应当适用知识产权法中的具体规定；知识产权法中没有规定的，适用民法的规定。民法是知识产权（包括知识利益）的兜底保护法。❶

知识产权法定赔偿的理论依据包括债权请求权。《中华人民共和国民法通则》（简称《民法通则》）第 5 条规定："公民、法人的合法的民事权

---

❶ 李扬. 重塑以民法为核心的整体性知识产权法 [J]. 法商研究，2006，6：17 - 26.

益受法律保护，任何组织和个人不得侵犯。"显然，《民法通则》区分了权利和利益，知识产权法中虽然没有创设作为权利的知识性利益（如商标的潜在市场价值），但也应当在《民法通则》的保护范围内。

当然，知识产权不可能无限扩大其保护范围，因此，区分权利和利益分别保护是十分必要的。对于权利，法律既应赋予物权请求权（请求停止侵权行为），又应赋予债权请求权（请求损害赔偿）；对于利益，法律授予其债权请求权（请求损害赔偿）就能够达到保护的目的。但是，《民法通则》第 6 章在规定"民事责任"时，却使用了"侵权"概念，没有将侵害他人合法利益的行为包括在内，在责任承担上，也未规定侵害利益应承担的责任，实在是一种遗憾。

1.2.2 现实意义

1.2.2.1 缩短审判时间，提高审判效率

随着知识经济不断开拓的潜力及权利人维权意识的增强，诉诸法律的知识产权侵权纠纷案件日益增多（见表 1）。

表 1 知识产权案件一审审结情况

年份	数量（万件）	同比上升
2010	4.8	32.96%
2011	6.6	37.7%
2012	27.8	284.2%
2013	10	——
2014	11	10%

资料来源：2011 年、2012 年、2013 年、2014 年"两会"最高人民法院工作报告。

一审审结的知识产权案件虽不能全面反映知识产权案件情况，但也从一方面说明了我国知识产权案件的逐年增多，权利人维权意识增强。逐年增多的案件给法官带来了很大的压力。如何缩短审判时间、提高审判效率成为研究的重点。

法定赔偿理论上的效率观念为现状提出了缓解思路。因此，研究和完善法

定赔偿制度，在公平前提下，缩短审判时间、提高审判效率是有价值的。

1.2.2.2 保护权利人权利，促进知识经济发展

人是创造知识的本源，知识得以保护、权利得以彰显，才能激励权利人及公众创造的热情，不断地将知识与实践相结合，化为生产力，促进经济的发展。

知识产权制度注重权利人的利益，通过物上请求权和债权请求权的合力，使侵权人停止侵权、赔偿损失。法定赔偿能够给权利人物质上的保障，对侵权人进行惩罚警戒，达到减少知识产权侵权行为的目的。在法律的保护下，规范知识产权的运用，保护权利人的权利，保障知识经济的良性循环，促进经济的整体发展。

1.2.2.3 抑制恶意侵权，提升法律自信

知识产权具有垄断性，知识产权所产生的利益容易刺激不法分子通过侵权而获利，给权利人带来经济上的损失。通常，侵权人的侵权行为是"公秘"结合的方式。公，是选用公众知悉度较高、认可程度高的技术、品牌、包装等或其他有利于侵权人获利的途径，采取知识产权"搭顺风车"的方式，为自己谋利；秘，是对侵权行为中产生的侵权证据加以隐蔽甚至破坏，这也是取证难的关键因素。恶意侵权，给知识产权法定赔偿的研究带来了难题，引起了法定赔偿是否对恶意侵权引入惩罚性赔偿的争论。我们赞成引入惩罚性赔偿，同时要完善惩罚性赔偿制度，不轻纵、不过枉，抑制恶意侵权，提升法律自信。

1.3 知识产权法定赔偿的发展

在国外，知识产权法定赔偿的发展历史比较长，相关制度比较成熟。我国法定赔偿制度起步晚、发展快，需要随着经济的发展不断进步。

1.3.1　法定赔偿在国外的发展

目前，我国关于知识产权法定赔偿的规定并不完善，而且制度本身是借鉴国外法律及实践的，因此，研究国外法律中关于法定赔偿的规定很有必要，我们就《与贸易有关的知识产权协议》（TRIPS）及美国、德国法律中的规定进行分析讨论。

1.3.1.1　TRIPS 协议对法定赔偿的规定

TRIPS 协议第 45 条规定了知识产权的损害赔偿。第 45 条第 1 款是关于一般损害赔偿的规定，[1] 第 2 款对法定赔偿的适用进行了规定。[2] 第 2 款作为国际条约中知识产权法定赔偿的作用是不可忽视的，学者们在研究法定赔偿制度时无不论及。TRIPS 协议确定的知识产权法定赔偿的赔偿范围包括适当的律师费，另外，在"适当的情况下"，缔约方也可规定由侵权人进行法定赔偿。

在法定赔偿的适用责任上，有过错责任与无过错责任之争。主张过错责任的学者认为，法定赔偿的适用以侵权人的过错为前提，过失或者善意侵权不应适用法定赔偿；主张无过错责任的学者认为，第 2 款是限定性的条款，只在"适当情况下"才得以适用，针对的是侵犯知识产权的特殊情况，[3] 即使侵权人没有过错也应适用法定赔偿。由于不同的译法，第 45 条被翻译为不同版本。有的学者将第 2 款译为"或返还利润，或支付法定赔偿额，或二者并用"[4]。因此，在适用模式上产生了并行适用和选择适用的

---

[1] TRIPS 协议第 45 条第 1 款：司法部门应有权责令侵权者向权利所有人支付适当的损害赔偿费，以便补偿由于侵犯知识产权而给权利所有者造成的损害，其条件是侵权者知道或应该知道他从事了侵权活动。

[2] TRIPS 协议第 45 条第 2 款：司法部门应有权责令侵权者向权利所有者支付费用，其中可以包括适当的律师费。在适当的情况下，即使侵权者不知道或者没有正当的理由应该知道他从事了侵权活动，缔约方也可以授权司法部门，责令返还其所得利润或支付预先确定的损害赔偿费。

[3] 陈海峰. TRIPS 与商业秘密侵权损害赔偿问题分析 [J]. 湖北社会科学，2009，8：138 - 140.

[4] 蒋志培. TRIPS 肯定的知识产权侵权赔偿的归责原则和赔偿责任 [J]. 法学论坛，2002，3：7 - 9.

分歧。TRIPS 协议确定的法定赔偿值得借鉴，但是于我国而言，法定赔偿的并行适用过度提高了其赔偿作用，将法定赔偿作为一项独立制度赋予权利人选择权比较合适。

1.3.1.2　美国法律对法定赔偿的规定

美国对知识产权的保护力度很大，很早便设立了知识产权保护制度，在商标法和版权法、数字化时代版权法等法律中均涉及了法定赔偿。《美国商标法》第 35 条第 3 款显示，假冒商标的法定赔偿的最高额远高于其他侵犯知识产权行为的最高限额。针对每一种商品或者服务的每一件假冒商标，法定赔偿额度为 1000 美元至 20 万美元；但是若法院判定侵权人是故意假冒，可判处 200 万美元以下的赔偿金。❶ 这一款对法定赔偿的计量标准相当严苛，具体到"每一种商品的每一件""每一种服务的每一件"，并对故意侵权设定了高额的法定赔偿。由此可以看出商标在美国经济中发挥的作用和美国对商标的重视眷顾。

数字化时代版权法主要针对的是网络传播中的侵犯技术措施、版权管理信息的行为，采取侵犯行为数量标准，即以"每一次的侵犯行为"为计量标准，侵犯一次技术措施，处 200～2500 美元赔偿金；侵犯一次版权管理信息，处 2500～25000 美元赔偿金。3 年内重复侵权的，额度可提高到 3 倍。

相对于上述两部法律中的法定赔偿规定，《美国版权法》第 504 条关于法定赔偿的规定更为细致，理论文章中，学者们对该条规定引用和讨论最多。

《美国版权法》第五章第 504 条对侵犯版权的补救方法作出了规定，认为版权侵犯者的赔偿方式有两种，第一种是版权所有者的实际损害以及版权侵犯者的任何附加利润，或者第二种法定损害赔偿。法定赔偿规定在《美国版权法》第 504 条（c）款中。

法定损害赔偿前提是"一部编辑作品或演绎作品的所有部分构成一个

---

❶　2008 年的《优化知识产权资源和组织法案》将法定赔偿金由 500 美元到 10 万美元提高到 1000 美元到 20 万美元，将法定赔偿最高额由 100 万美元提高为 200 万美元。

整体"。版权所有者在终局判决作出以前的任何时候，可要求赔偿诉讼中涉及的任何一部作品版权侵犯行为的法定损害赔偿，来代替依据权利人实际损害和侵权人的利润所进行的赔偿。此项法定损害赔偿额的标准为每部作品至少不低于 750 美元、最多不超过 3 万美元，由法院酌情判定。❶ 赔偿金可以由其中任何一个侵权人单独承担，或者由任何两个或两个以上的侵权人共同承担。

该法条将举证责任和主观状态结合起来，赋予法院增加或减少法定赔偿额的权利，以此来确定法定赔偿额。具体表现见表2：

表2　美国版权侵犯者主观状态对法定赔偿额的影响

举证者	法院判定的侵权人主观状态	法院态度	限额
版权所有者	故意侵权	增加法定损害赔偿金	不超过 15 万美元
版权侵权者	不知道也没有理由认为其行动构成对版权的侵犯	减少法定损害赔偿金	不低于 200 美元

资料来源：《美国版权法》第504条。

由此可见，法定赔偿区分了故意侵权和善意侵权，对两者作出了不同的法定赔偿额的规定。（c）款还对法院应豁免法定损害赔偿金的情形进行了列举，豁免情形主要针对的是合理使用。

第504条对知识产权法定赔偿制度作出了明确、细致的规定，在（a）款中，在（b）款的实际损害和利润与（c）款的法定损害赔偿之间使用"或"，赋予版权所有者在判决作出前任一时间提出适用法定赔偿请求的权利，可见，法定赔偿作为一项独立制度，是与实际损害、利润并列的。

版权法中法定赔偿额的修改体现出了以下特点：一是按照修改顺序，最低赔偿额分别为 250 美元、500 美元、750 美元，最高赔偿额 1 万美元、2 万美元、3 万美元；二是对故意侵权的法定赔偿额分别为 5 万美元、10 万美元、15 万美元，善意侵权由 100 美元调高至 200 美元。修改后的法定

---

❶　根据1976年《美国版权法》，法定赔偿额最低为 250 美元，最高为 1 万美元。1989 年 3 月 1 日起，修改为最低 500 美元，最高 2 万美元。1999 年经过再次修改，法定赔偿额最低为 750 美元，最高为 3 万美元。

赔偿数额翻倍，反映出美国对知识产权的重视，其保护力度也相应加大。

美国知识产权法律中法定赔偿的计量单位、适用模式、故意侵权、额度调整、豁免情形等，对我国法定赔偿的立法和修改具有借鉴意义。

1.3.1.3　德国法律对法定赔偿的规定

《联邦德国著作权及有关保护权的法律》第四章第二节"侵权"中的第 97 条有 3 款规定，第 1 款是对法定赔偿适用情形的规定。❶ 但认真研究后发现，后一句的"退还"应理解为对受害者损失的推定，纳入到"实际损失"中比较合适，不能作为法定赔偿的计算方法。

有学者将《联邦德国著作权及有关保护权的法律》第 101 条纳入知识产权法定赔偿中，❷ 笔者认为，第 101 条并非推定权利人实际损失，而是作出了例外规定。❸ 这款规定是针对侵权人"既非出于故意又非出于过失"的特定情形的处理方式，侵权人仅赔偿权利人订立合同时的使用许可费用。在我国，使用许可费是全面赔偿的计算方法；在美国版权法上，也没有将使用许可费作为法定赔偿的方法。因此，笔者认为，这并不属于法定赔偿的范畴。

1.3.2　法定赔偿在我国的发展

我国真正意义上的第一部知识产权保护法律是 1983 年的《中华人民共和国商标法》（简称《商标法》），可见我国知识产权保护起步之晚，法定赔偿发展历程之短。

---

❶ 《联邦德国著作权及有关保护权的法律》第 97 条第 1 款：违法侵犯著作权或其他本法所保护的权利者，可由受害者要求消除损害，如有再次发生侵害危险，可要求不作为，如果侵权者出于有意或过失，还可要求侵害赔偿。对于侵害赔偿，受害者可要求退还侵权者因侵犯权利所得的收入和公布该侵权人的账目。

❷ 钱玉文. 论我国知识产权法定赔偿制度的司法适用 [J]. 社会科学家，2008，2：79 - 80.

❸ 《联邦德国著作权及有关保护权的法律》第 101 条：如果在侵害本法保护的某项权利的情况下受害者提出的消除或不行为权项（第 97 条）、销毁或使之不堪使用权项（第 98 条）或转让的权项（第 99 条）是针对既非出于有意又非出于过失者，如果为实现权项会引起过度损失并且可推断受害者同意金钱赔偿，侵害者可避开上述权项而赔偿受害者金钱。赔偿的费用按照通过合同授予权利时应支付的报酬计算。随着赔偿费用的支付视受害者已许可在通常范围内的使用。

1.3.2.1　我国法定赔偿的发展阶段

我国知识产权法定赔偿制度的发展，可以分为三个阶段。

第一阶段自 1992 年 2 月到 2001 年 6 月，这阶段主要是最高人民法院通过解答、意见等形式确认赔偿计算方式及法定赔偿额。第二阶段自 2001 年 10 月到 2008 年 12 月，我国修订了商标法、著作权法和专利法，正式引入了知识产权法定赔偿制度。第三阶段是 2011 年 9 月至今，为适应日益发展的知识产权保护形势，我国对专利法、著作权法等法律修订草案进行意见征求，征求意见稿均反映出了法定赔偿额的提高。其中 2013 年 8 月通过的《商标法》体现出新的突破。

1.3.2.2　我国法律关于法定赔偿的规定

目前，我国知识产权法律中仅在专利法、著作权法、商标法领域涉及法定赔偿❶，具体规定主要体现在上述三个领域。

《专利法》第 65 条对法定赔偿进行了规定，法定赔偿额为 1 万元以上 100 万元以下。2010 年 1 月施行的《最高人民法院关于审理侵犯专利纠纷案件应用法律若干问题的解释》第 16 条对法定赔偿的适用情形和赔偿额计算方法做出了规定。《著作权法》第 49 条是关于法定赔偿的规定，法定赔偿额为 50 万元以下，由人民法院根据侵权行为的情节予以判决。

2013 年 8 月 30 日修改的《商标法》第 63 条提高了法定赔偿的上限，从 50 万元提高至 300 万元，由法院根据侵权情节判决。新修订的《商标法》对恶意侵权行为作出了惩罚性赔偿的规定，最高可按三倍确定赔偿数额。《最高人民法院关于审理商标纠纷案件应用法律若干问题的解释》第 16 条对法定赔偿应考虑的因素作出了较为详细的规定，侵权行为、商标本身、使用许可情形及权利人制止侵权行为产生的合理开支等。

---

❶ 《专利法》第 65 条、《著作权法》第 49 条文见本书第 19 页脚注，《商标法》第 63 条条文见本书第 20 页脚注。

第2章

知识产权法定赔偿基本问题研究

我国知识产权法定赔偿制度的不完善给予学者们很大的讨论空间，在其适用论述上各有观点，司法实践中的规定不相同，规定中的缺失，适用上的混乱，不利于制度的统一。

2.1 法定赔偿的适用

法定赔偿的适用应当分为两个层次，一是理论上的适用，二是实践中的适用，只有两者充分结合，才能凸显法定赔偿的作用。当然，理论的发展推进法律的实践，实践中对理论的修正都是必然的，从而不断推动两个层次适用上的相得益彰。

2.1.1 法定赔偿理论上的适用

理论界对法定赔偿的适用顺序作了重点研究，也有学者对其他方面的适用进行研究，只是比较分散。笔者在法定赔偿的适用范围、适用主体、适用原则、适用责任和适用顺序上进行如下分析和总结。

2.1.1.1 适用范围

知识产权领域广、类型多且不乏专业技术。就现行的法律来看，法定赔偿在知识产权领域的适用范围有限，仅对专利权、著作权、商标权有所涉及，对著作权领域内较为特殊的网络著作权和计算机软件作出了特别解释，但是在植物新品种以及集成电路布图设计等方面缺乏法定赔偿的规定。在没有法定赔偿规定的领域，知识产权侵权案件给权利人维权带来了麻烦。当权利人实际损失或侵权人获利难以确定，又无法定赔偿适用时，权利人主张自己的权利不得不通过艰难的举证，为维权付出高昂成本。知识产权法定赔偿适用范围上的局限，限制了法定赔偿作用的发挥。

2.1.1.2 适用主体

知识产权法定赔偿的适用主体，是指谁有权利选择适用法定赔偿。第一，当事人即原告、被告，谁有权选择适用？从知识产权法定赔偿的立法原意上看，法定赔偿制度是基于取证难、权利人损失或侵权人获利情况不明，为赔偿权利人损失而专门设立的一项法律制度，因此，权利人（原告）确定无疑是适用法定赔偿的主体。而侵权人作为侵权行为的主导者和实施者，对自己的获利情况心知肚明，只是权利人苦于无证据证明，因此侵权人不应成为法定赔偿的适用主体。但是，在上诉案件中，侵权人是能够将法定赔偿作为上诉理由的。

第二，法院能否成为法定赔偿的适用主体？按照我国法律的规定，法院，具体来说是法官是可以依职权适用法定赔偿的。《著作权法》第 49 条、《专利法》第 65 条、《商标法》第 63 条作出规定："人民法院可以根据……情节，判决确定给予……的赔偿"。由于取证难，对比法定赔偿的效率性，从相关数据统计上看，法院是比较乐意适用法定赔偿制度的。因此我们认为，法院主动适用法定赔偿欠妥，赋予法院建议权，由权利人最终决定是否适用法定赔偿，能够一定程度防止法院滥用法定赔偿。

2.1.1.3 适用原则

法定赔偿的适用原则关系着侵权人的赔偿数额、权利人能够得到的赔偿数额。不同的适用原则所确定的赔偿方式是不一样的，侵权人的赔偿额、权利人的受偿额也大有不同。

目前，我国知识产权法律中确定的主流是全部赔偿原则。全部赔偿原则也称为填平原则，其目的在于按照权利人的实际损失或侵权人的获利情况，补偿、填平权利人所遭受的实际损失。它的重心是权利人因侵权行为受到的实际损失。全部赔偿原则作为一般损害赔偿的基本原则，具有补偿性质，是知识产权赔偿应遵循的基础。随着知识经济的发展，理论界对法定赔偿的适用原则提出了质疑。许多学者主张适用惩罚性原则，以遏制侵犯知识产权的行为。

惩罚性赔偿原则的核心在于：侵权人的行为具有高度的可苛责性。主要表现形式为：主观上恶意，客观上实施不法行为，且是经过评估（风险上、利益上）作出的损害权利人的行为。惩罚性赔偿的适用主体范围广泛，任何个人或者组织都有可能成为惩罚性赔偿的对象。我们认为惩罚性赔偿原则应当引入知识产权法定赔偿之中，新商标法的惩罚性赔偿规定便是一项突破，但是，要件分明、规定细致、制度设计周全，防止滥用惩罚性赔偿，才能更好地保护权利人的合法利益，平衡权利人和侵权人的利益，促进知识经济的发展。

2.1.1.4 适用责任

知识产权法定赔偿的适用责任的争论在评析 TRIPS 协议第 45 条第 2 款时最明显，学者们在无过错责任和过错责任的适用上争议很大。

主张过错责任的学者认为，知识产权的侵权行为，应当考虑行为人的过错，再判令侵权人支付法定赔偿额，赔偿权利人的损失。过错责任在举证上给权利人设下难题，将众所周知的举证难推至权利人，不利于权利人维权积极性的提高。主张适用无过错责任的学者认为，无过错责任的适用可以与国际接轨，提高我国知识产权保护的水平和力度。适用无过错责任，即要求侵权人没有过错也要承担责任。无过错责任加强了对权利人的保护，在确认是否侵害了知识产权并要求侵权人停止有关侵权活动时加以适用比较合适；过错责任基于举证的考量，对权利人不利，不能够很好地适合知识产权法定赔偿的适用，在确定是否赔偿及赔偿数额时，过错推定

责任值得一试。❶

过错推定责任介于无过错责任和过错责任之间,"先推定加害人具有过失,非经反证不得免责"❷,"实为保护被害人之技术运用,旨在保护被害人之利益"❸,举证责任的倒置在一定程度上修正了过错责任,使法院基于社会需要,衡量当事人利益,合理地分配损害。过错推定责任能够减轻权利人的举证,同时,侵权人享有抗辩权,双方利益得以平衡。在知识产权案件中实行法定赔偿的过错推定责任,可以减轻权利人举证责任、加重侵权人举证责任而得以平衡,有利于制裁虽认为侵权却缺乏证据证明的侵权行为。无过错责任在权利人提起侵权诉讼之初是非常有利的,极大程度地保护权利人,要求侵权人停止侵权;但是,无过错责任的适用不能过度,否则容易导致利益失衡。在法定赔偿问题上,笔者主张适用过错推定责任。

2.1.1.5 适用顺序

不同的知识产权侵权损害赔偿制度在适用上具有一定的先后顺序。❹法定赔偿适用顺序就是指在适用法定赔偿时,是先于还是后于一般损害赔偿形式。一般损害赔偿形式主要表现为全面赔偿方式,包括权利人的实际损失、侵权人的真实获利、许可使用费的倍数等。我国现行法律给知识产权赔偿方式设定了严格的先后顺序,对法定赔偿采用的是末位适用,即认为应先适用一般损害赔偿,一般损害赔偿无法确定时再适用法定赔偿。

在法律规定中有四种计算方法可以确定赔偿数额:一是按照权利人的损失计算;二是以侵权人获利计算;三是参照专利许可使用费的倍数计算;四是法定赔偿。前两种方法应当优先,同时赋予了权利人选择权;前两种方法不能查明的,适用第三种计算方法;在前三种方法均无法查明

---

❶ 吴汉东. 试论知识产权的"物上请求权"与侵权赔偿请求权——兼论《知识产权协议》第 45 条规定之实质精神 [J]. 法商研究, 2001, 5: 3 - 11.

❷ 王泽鉴. 侵权行为 [D]. 北京: 北京大学, 2009: 14 - 14.

❸ 王泽鉴. 民法学说与判例研究 [D]. 北京: 中国政法大学, 1998: 198 - 198.

❹ 周晖国. 知识产权法定赔偿的司法适用 [N]. 江苏法制报, 2006 - 10 - 9.

时，适用法定赔偿。显然，我国法律认为法定赔偿仅是全面赔偿的计算方法之一，同时，支持法定赔偿的末位适用规则。

2.1.2 法定赔偿在实践中的应用

2.1.2.1 法院审判中的应用

法院审判的主体是法官，法官在审判中对法律的运用关系着法律的变革。现实中的案件多种多样，法律规定不可能逐一尽全，这就需要法律的重要运用者法官重视实际的法律解释和应用。从知识产权审判实践来看，上述四种计算方法，前两种适用难度特别大，第三种操作性不强，因此，所谓的第四种计算方法即法定赔偿在审判实践中的运用比例相当大。另外，在审判实践中，对于实际损失难以查明，但有证据证明该损失明显超过法定赔偿最高限额的，存在着法院在法定最高限额以上确定赔偿额的实例。❶

2.1.2.2 当事人对法定赔偿的应用

我国知识产权法律对法定赔偿顺序末位适用的规定，权利人对法定赔偿的适用通常是比较被动的，只能在前三种计算方式仍不能确定权利人损失或侵权人获利时才能启动法定赔偿。因此，法律的规定很大程度上限制了权利人对法定赔偿制度的应用，无法发挥法定赔偿的优势。

侵权人对法定赔偿的应用主要体现在上诉中。法院适用法定赔偿的泛化和判决理由的粗糙使法定赔偿成为当事人重要的上诉理由。在这一点上，权利人和侵权人对法定赔偿适用的考量是不同的，当事人的考量中也包含知识产权类型的不同。著作权、商标权和不正当竞争纠纷中，当事人

---

❶ 如道道通电子导航地图著作权纠纷案中，广东省佛山市中级人民法院一审认定被告构成侵权，判决被告停止侵权、赔礼道歉并按照原告诉讼请求数额判赔 1000 万元。广东省高级人民法院二审认为，一审判决认定被告至少获利 1000 万元的证据不足，但现有证据可以证明原告的实际损失或者被告侵权获利明显超过著作权法规定的法定赔偿最高限额。综合全案的证据情况，二审法院在维持一审判决其他判项的基础上改判被告赔偿原告经济损失 100 万元及合理维权费用。参见广东省高级人民法院（2008）粤高法民三终字第 290 号民事判决书。

针对一审法定赔偿数额上诉的较多；但在专利权纠纷中，当事人针对一审法定赔偿数额上诉的较少。原因可能是著作权、商标权和不正当竞争纠纷案件中涉及的社会影响面、侵权范围不同，权利人欲争取更多的赔偿，侵权人认为法定赔偿额过高；而在专利侵权纠纷中，专利权利人诉讼主要目的在于责令被告停止侵权，不太注重赔偿数额，或者侵权人实际获利较多，赔偿额在其承受范围之内，不认为法定赔偿额高。

2.2　我国知识产权法定赔偿规定中存在的问题

相比较而言，我国对知识产权进行立法保护起步晚、发展快，法定赔偿作为知识产权法律保护的一部分，发展历程短暂、发展程度不成熟。1992 年以前，法定赔偿制度的空白给知识产权保护带来了很大的缺陷，经过 20 多年的发展，法定赔偿制度的不完善也给如今快速发展的知识经济带来了挑战。虽然我国关于法定赔偿知识产权法律法规比较多，但是有体系、科学合理的法定赔偿制度并未形成，主要表现在以下五个方面。

2.2.1　法定赔偿条文规定粗放不统一

知识产权涉及面广，法定赔偿制度在知识产权法律中也不少见，《专利法》第 65 条❶、《著作权法》第 49 条❷及《商标法》第 63

---

❶ 《专利法》第 65 条：侵犯专利权的赔偿数额按照权利人因被侵权所受到的实际损失确定；实际损失难以确定的，可以按照侵权人因侵权所获得的利益确定。权利人的损失或者侵权人获得的利益难以确定的，参照该专利许可使用费的倍数合理确定。赔偿数额还应当包括权利人为制止侵权行为所支付的合理开支。权利人的损失、侵权人获得的利益和专利许可使用费均难以确定的，人民法院可以根据专利权的类型、侵权行为的性质和情节等因素，确定给予 1 万元以上 100 万元以下的赔偿。

❷ 《著作权法》第 49 条：侵犯著作权或者与著作权有关的权利的，侵权人应当按照权利人的实际损失给予赔偿。实际损失难以计算的，可以按照侵权人的违法所得给予赔偿。赔偿数额还应当包括权利人为制止侵权行为所支付的合理开支。权利人的实际损失或者侵权人的违法所得不能确定的，由人民法院根据侵权行为的情节，判决给予 50 万元以下的赔偿。

条，❶ 分别规定了法定赔偿的主要内容，特别是在竞争法领域，制度的演变使法定赔偿的细化成为必然，❷ 但是相关法律规定粗放中存在着差异和不统一。

2.2.1.1 条文表述不一致

法律条文的粗放使其在表述上也表现得不一致。第一，对"权利人损失"，《专利法》《商标法》中为"因被侵权所受到的实际损失"，《著作权法》中为"实际损失"；第二，侵权人获利方面表述不一致，《专利法》和《商标法》中是"因侵权所获得的利益"，《著作权法》中为"违法所得"，"违法所得"的范围比"因侵权所获得的利益"宽泛。另外，修改前的《商标法》对"权利人"称为"被侵权人"，《专利法》和《著作权法》表述是"权利人"；修改后的《商标法》将"被侵权人"统一为"权利人"。说明立法者意识到了条文表述一致的重要性，正逐步在术语表述一致的方向上迈进。

2.2.1.2 最高赔偿额与司法实践相差巨大

《著作权法》《商标法》分别确定了法定赔偿的上限——"50 万元以下的赔偿""300 万元以下的赔偿"；《专利法》规定了"1 万元以上 100 万元以下的赔偿"。按照法律的层次效力，地方司法指导意见中的法定赔偿最高限额一般不会超过法律规定的最高额。但是在司法实践中，存在着判

---

❶ 《商标法》第 63 条：侵犯商标专用权的赔偿数额，按照权利人因在被侵权所受到的实际损失确定；实际损失难以确定的，可以按照侵权人因侵权所获得的利益确定；权利人的损失或者侵权人获得的利益难以确定的，参照该商标许可使用费的倍数合理确定。对恶意侵犯商标专用权，情节严重的，可以在按照上述方法确定数额的一倍以上三倍以下确定赔偿数额。赔偿数额应当包括权利人为制止侵权行为所支付的合理开支。人民法院为确定赔偿数额，在权利人已经尽力举证，而与侵权行为相关的账簿、资料主要由侵权人掌握的情况下，可以责令侵权人提供与侵权行为相关的账簿、资料；侵权人不提供或者提供虚假的账簿、资料的，人民法院可以参考权利人的主张和提供的证据判定赔偿数额。权利人因被侵权所受到的实际损失、侵权人因侵权所获得的利益、注册商标许可使用费难以确定的，由人民法院根据侵权行为的情节判决给予三百万元以下的赔偿。

❷ 李友根. 论竞争法中的法定赔偿制度变迁个案的解剖——基于不正当竞争案例的整理与研究 [J]. 中国法学, 2009 (1)：145－162.

决中适用法定赔偿，但赔偿额高于法定赔偿最高额的案例。在专利法领域，正泰集团诉施耐德"小型断路器"实用新型专利案，一审法院适用法定赔偿，判决施耐德赔偿正泰集团 3.3 亿元，❶ 创下了法定赔偿的最高额。虽然在二审中以调解结案，但施耐德仍以 15750 万元（1.575 亿元）高额赔偿正泰集团，❷ 这是专利法定赔偿最高额的 157.5 倍。

　　知识产权尤其是专利侵权纠纷案件中，不同类型的知识产权发挥着不同的作用，因此，产生的影响也不同。司法判决中法定赔偿最高额远超法律规定的最高额，是知识产权在经济中影响的表现。就目前我国的法定赔偿最高额来说，若作为侵权案件的最终赔偿标准是比较低的；若完善其计量标准如每侵犯一个知识产权产品赔偿的单位利润，按侵权数量确定法定赔偿，那么，法定赔偿＝知识产品单位利润×侵权产品数量。这样能够解决法定赔偿低的问题。如在专利纠纷中，不是对"专利"这个整体做出法定赔偿限定，而是应区分发明、外观设计和实用新型，在考量三者的效益后，分别设定法定赔偿限额。在商标领域中，根据商标的影响力和公众对商标的认可度，区分一般商标与驰名商标，毕竟两者对企业来说潜在价值是不同的，否则，侵权人也不会利用相似之处混淆公众，谋取利益；在著作权领域，则应以作品的知名度为标准进行划分，如影视作品、网络传播作品的知名度，❸ 文字作品的知名度等。

　　因此，只有对法定赔偿作出精细的规定，合理确定、适时修改法定赔偿额的最高限制，才能在实践中看到法律的与时俱进，促进法定赔偿的更新进步，激励权利人维权行动。

---

　　❶ 见浙江省温州市中级人民法院（2006）温民三初字第 135 号民事判决。

　　❷ 见浙江省高级人民法院（2007）浙民三终字第 276 号。施耐德电气低压（天津）有限公司在本调解书生效之日起 15 天内，向正泰集团股份有限公司支付补偿金人民币 15750 万元，如施耐德电气低压（天津）有限公司未能按照前述期限和金额付款，正泰集团股份有限公司有权申请执行浙江省温州市中级人民法院（2006）温民三初字第 135 号民事判决。

　　❸ 李建星在《影视作品网络著作权侵权法定赔偿额研究——以 310 例判决为样本》[中山大学研究生学刊（社会科学版），2011，（32）1：64－78] 中指出：从单个因素来看，作品知名度成为法官最主要的考量因素。各因素的考量次数为：知名度 188 次，上映档期 80 次，市场价值 64 次，制作成本 64 次，作品完整度 11 次，许可费 8 次。

2.2.1.3 考量因素不一致

根据法律的规定，在专利权纠纷中，人民法院可根据专利权的类型、侵权行为的性质和情节等因素予以确定；在著作权、商标权纠纷中，人民法院根据侵权行为的情节予以判决。专利法比著作权法、商标法的考量因素更为丰富，值得借鉴。著作、商标领域同样存在着不同的权利类型，应该纳入考量因素范围，如依据市场价值划分的一般性的文字作品和专业领域的计算机软件，普通商标、注册商标及驰名商标的划分，相关公众对知识产品的认可造就了市场价值。只规定侵权行为的情节而忽视侵权对象的类型、侵权行为的性质，是不足以保护知识产权权利的。考虑到知识产品的特殊性，充分考量各因素，才能更好地为法定赔偿所用。

2.2.2 法官自由裁量权过大

2.2.2.1 自由裁量权过大的表现

归根结底，是法律的不完善、不细化造成自由裁量权过大。在知识产权法律中，法定赔偿制度的粗放使法官的自由裁量权过大。法律条文中规定的"50万元以下赔偿""1万元以上100万元以下的赔偿""300万元以下的赔偿"等赔偿数额规定，没有细化了的幅度空间，给予了法官很大的自由裁量权，也导致自由裁量权过大的争论。

2.2.2.2 自由裁量权过大的影响

自由裁量权过大通常会产生三方面的影响。一是法官的权利过大。50万元、1万~100万元、300万元的大范围内，没有设定幅度，没有形成梯形额度，留有过大的余地，形成灰色地带，容易滋生司法腐败。二是加重了法官的负担。从某种程度上说，法官也是法律不完善的受害者。按照法律的规定，适用法定赔偿的因素考量及判决是由法官完成的。没有可参考的幅度，在一个大的范围内为双方当事人寻求一个平衡点，是一件费时费力的事。三是当事人对法定赔偿判决的接受程度。对于权利人、侵权人而言，适用法定赔偿判决的赔偿额没有明确的幅度划分，对法官自由裁量权的行使产生质疑，基于各种因素，双方的接受程度可能不同，还可能因此上诉。

2.2.3 举证责任分配失衡

知识产权法定赔偿制度设立的重要原因就是取证难，造成"取证难"的核心是举证责任分配失衡，在完善法定赔偿时应平衡举证责任的分配。

2.2.3.1 侵权行为的隐蔽性、分散性

侵权行为隐蔽性强。从侵权人角度来看，侵权人对侵权行为作出了利益评估，认为侵犯知识产权能够使自己获利，搭乘权利人的知识便车实现"空手套白狼"。为了使自己免受法律制裁，篡改或销毁证据在所难免。侵权行为分布广。从侵权人所追求的效益上看，被侵犯的知识产品会很快地从侵权人处分散到各个区域的销售点。我国国土面积大，侵权行为的分散让权利人维权有心无力，疲于取证。即使是法院依职权取证也难以获得，因此权利人的主张便不能得到有力的证据支持，赔偿额不能充分判得。侵权行为的隐蔽性、分散性给权利人取证带来了极大的困难。

2.2.3.2 法定赔偿不应完全适用"谁主张谁举证"原则

按照我国民事诉讼法的规定，谁主张谁举证。在知识产权侵权案件中，权利人（原告）提出主张，就应当是权利人举证加以证明。由于知识产权侵权的隐蔽性、分散性，权利人不一定能够在特定的时间内提供足够的证据支持自己的主张，权利人为此就要承担败诉或其他不利后果。相应地，侵权人则坐等否定权利人的举证。相比之下，侵权人侵权的积极性和举证的消极性是不成正比的，无形中助长了侵权人的侵权行为。再者，由于侵权行为的隐蔽性，权利人的举证一般是低于其实际损失的，填平实际损失是不可能的，因为一旦多于实际损失，侵权人会提出相关证据加以否定。所以，知识产权侵权纠纷案件不应完全适用"谁主张谁举证"的原则，举证责任倒置应适时出现在举证责任分配中。《商标法》第 63 条第 2

款对权利人的举证作出了新的规定，相应地减轻了权利人的举证责任，加重了侵权人的举证责任。

2.2.4 法定赔偿功能缺失

2.2.4.1 法定赔偿不能填平实际损失

全部赔偿原则对法定赔偿具有指导性价值，❶ 在我国知识产权法律保护中，知识产权法定赔偿的目的首先是赔偿权利人的实际损失。在知识产权侵权纠纷中，大多数原告是主张以实际损失或者侵权人违法所得为计算赔偿额的标准的，但是法院在判决时，往往以证据不充分为由，直接适用法定赔偿。据数据显示（见表3），法定赔偿额是比较低的。

表3 法定赔偿额受偿情况统计

知识产权侵权纠纷类型	平均诉求额（万元）	法定赔偿额（万元）	受偿比例
著作权	7.7	1.5	19.48%
商 标	32.6	6.2	19.02%

另外，在专利权侵权纠纷中，平均赔偿仅有 8 万元。❷ 可以看出，法定赔偿确定的赔偿额远低于权利人诉求赔偿额，且不论权利人诉求赔偿额是否太高，单从法定赔偿判赔额不足权利人诉求赔偿额的20%（著作权为19.48%，商标为19.02%）可以推断，目前，我国的法定赔偿是不能填平权利人损失的。

2.2.4.2 知识产权法律未完全区分善意侵权与恶意侵权

从民法理论来说，区分善意侵权与恶意侵权十分必要，物权法中善意取得等诸多制度的设立，都注意区分主观上的善意与恶意，对两者的规定

---

❶ 卫绪华. 论全部赔偿原则对著作权法定赔偿制度的指导价值［J］. 广西大学学报（哲学社会科学版），2012，（34）2：52－55.

❷ 向利，赵建国整理. 聚焦新一轮专利法修改［N］. 中国知识产权报，2013－6－19.

是大不相同的。

法定赔偿应当借鉴民法理论中适合于知识产权法定赔偿的制度。对恶意侵权适用惩罚性赔偿，可以提高侵权人的侵权成本，减少侵权行为的发生。对善意侵权则不必适用惩罚性赔偿的规定，但赔偿是必需的，一方面保护权利人的利益，一方面对善意侵权人起到警示作用。《商标法》第 63 条第 1 款区分了恶意侵权，对"恶意侵犯商标专用权"的行为作出了特别的规定，可以按照通过其他方法确定的数额的一倍以上三倍以下确定赔偿数额。这项规定惩罚了侵权人，加大了侵权人的侵权成本，是一项有益于立法和实践的探索，对专利法、著作权法的修改具有推动作用。

2.2.4.3　行政罚款并非法定赔偿

《著作权法》第 48 条、《专利法》第 63 条、《商标法》第 51～53 条及相应的实施条例、司法解释中，对知识产权侵权行为有损公共利益或其他情形的，对侵权人处以行政罚款。如 2013 年 3 月 1 日施行的《中华人民共和国著作权法实施条例》第 36 条规定对损害社会公共利益的，按照非法经营额或根据情节轻重，处以经营额倍数或者 25 万元以下的罚款。从法定赔偿的功能上说，这项规定对侵权人处以高额的罚款，从经济上起到了处罚和震慑侵权人及潜在侵权人的作用，但是处罚款项对于权利人并没有实质意义，没有使其受偿额有所增加。因此，我国法律中对知识产权侵权行为的行政罚款并非法定赔偿，高额的罚款不但不能加强，反而削弱了法定赔偿的功能。

2.3　我国知识产权法定赔偿的完善

我国知识产权法定赔偿存在着诸多问题，只有在符合我国实际的基础上完善法定赔偿制度，才能够推动法定赔偿的发展，推动知识经济的发展。

2.3.1 确定侵权损害的因素和计量标准

细化法定赔偿的规定，首先要确定侵权损害的因素和侵权损害的计量标准，这是法定赔偿的基础。确定了考量因素和计量标准，法定赔偿才能达到事半功倍的效果。

2.3.1.1 侵权损害的因素考察

知识产权包含的内容不同、形式多样，且具有很强的专业性，因此，确定侵权损害的因素也不尽相同。

1. 专利权侵权损害考量因素

一是诉讼费用、律师费、调查取证费用等。《专利法》第 65 条明确规定：赔偿数额应当包括权利人为制止侵权行为所支付的合理开支。合理开支一般包括诉讼费、律师费、公证费、调查费、鉴定费等，即使侵权人的侵权行为没有给权利人造成实际损失，侵权人也应承担这部分费用。

二是专利的市场价值。这项因素是一项综合的考量，包括公众的熟知度、产品的现实作用、潜在的市场价值等。专利许可费用：不同时期的专利许可费用可能不同，许可费用的确定可以考虑侵权行为发生时段内的最高的专利许可费。侵权人的主观恶意及侵权行为的严重程度：可以在上述因素确定的赔偿额基础上适用惩罚性赔偿规定。权利人的实际损失和侵权人的利润：一般来说，这两项因素取决于权利人、侵权人的主观因素，权利人侧重提高损失，侵权人侧重降低获利，因此难以确定的。

2. 著作权侵权损害考量因素

作品的知名度是重要的考虑因素。作品的知名度越高，就越能提高公众的期待值，激发公众的消费欲望，体现出作品的潜在市场。作品的价值具有主观性，但是也能够通过客观情况表现出来。一般来说，以作品许可使用费作为基准是比较科学的，加上侵权行为发生时作品的市场行情等情况，确定作品价值。在适用法定赔偿时，侵权人主观上是否恶意、客观上是否重复侵权等因素对法定赔偿额的确定有重要的影响。地区之间的差异。

2.3.1.2 国外损害赔偿计算方法

1. ACTA 确定的替代方法

ACTA 是以美、日为首签订的《反假冒贸易协定》（*Anticounterfeiting Trade Agreement*）的简称，❶ 在 TRIPS 协议的基础上设定了更高的标准，其中第 9 条是关于损害赔偿的规定，内容具体全面，提高了可操作性，引人瞩目。ACTA 第 9 条有 5 个条款用以确定损害赔偿额，第 1 款是权利持有人的损失（injury of the holder），第 2 款是侵权人利润（infringer's profits），第 3、4 款是替代方法（alternative methods），第 5 款是各项费用（expenses）。第 3 款将替代方法分为三项，即事先确定的赔偿、确定足以补偿权利持有人因侵权所受损害的赔偿金的推算方法和附加赔偿（至少针对版权）。第 4 款是对第 3 款适用上的进一步规定，"如果缔约方规定了本条第 3 款（a）项的救济措施或（b）项中的推算方法，则该缔约方应（shall）确保其司法机关或权利持有人有权将救济措施或推算方法作为本条第 1、2 款救济措施的替代选择"。

各项费用包括败诉方向胜诉方支付诉讼费、适当的律师费，或该缔约方本国法律规定下的其他费用。可以看出，第 9 条各款是建立在全面赔偿原则上的，都体现出了填平权利人损失的目的。第 1 款是全面赔偿原则的集中体现；第 2 款将侵权人的利润作为确定赔偿额的一种独立方法；第 3、4 款在权利人无法查明第 1、2 款的困境时，即以替代方法确定赔偿额；第 5 款明确了赔偿额应当包括的费用即诉讼费、律师费及其他相关费用。笔者认为，第 5 款规定的各项费用包括在法定赔偿中，但有一个前提条件即权利人胜诉，即法院判定侵权人实施了侵权行为，应当给予权利人赔偿。

ACTA 在解决赔偿额问题上创新多、方法多，并引入了民法中的意思自治原则，允许当事人自由选择赔偿方式，在适用顺序上即权利持有人损失、侵权人利润、替代方法这三种方式是平行适用的，向权利持有人的利

---

❶ ACTA 的签字国有美国、日本、澳大利亚、加拿大、韩国、新西兰、摩洛哥、新加坡。

益保护加以倾斜。第 3 款中的（a）（b）（c）三项是"强制性可选制度"❶。在一些文章，将（a）项"事先确定的赔偿"作为法定赔偿制度的规定。（b）项所确定的推算方法，包括权利持有人在未被侵权时销售商品所得的单位利润乘以侵权商品数量，合理的版税及侵权人请求获得授权所需支付的一次性版税或使用费。（c）项的附加赔偿是在侵权人的获益超过了应当支付的赔偿额等情形下，侵权人赔偿给权利人的法定赔偿金，目的在于震慑侵权人的侵权行为。

笔者认为，第 3 款中的三种可选制度，（a）项作为法定赔偿是无疑的，但事先确定的赔偿不能一概而论，应该有一定的计算方法，以便在事先确定的限度内给予权利人合理的法定赔偿。而（b）项所提出的"推算方法"就是在无法查明权利人损失和侵权人获益的情况下适用的，这可以为法定赔偿提供一种计算方法。只是笔者认为，（b）项的推算方法应当修正：不同期间的知识产品销售利润不同，将"未被侵权时"修正为"在侵权期间"，这样的修正更能接近侵权人获利。（c）项中附加赔偿正是基于侵权人获益超过法定赔偿额的情形。这三项制度是可供选择的，要求缔约国至少选择一项。

我国已经确定了法定赔偿制度，只是在上下限的幅度、计算方法、适用选择等方面存在着不足。ACTA 确定的推算方法可以尝试，但第 3 款（c）项应当慎重适用。若为善意侵权，（c）项可以考虑适用，因为法定赔偿以全面赔偿原则为基础，侵权人获益多于法定赔偿额，于权利人不公；若为恶意侵权，那么在法定赔偿中适用惩罚性赔偿规定，一般不会出现（c）项的适用情形。法定赔偿作为一项独立的制度，应当有适用的幅度和计量标准，我们不妨适当借鉴国外的突破瓶颈的方式方法，推动我国法定赔偿制度的研究和实践应用。

2. 美国专利法上的分摊规则

美国对专利侵权赔偿进行了长时间的有益的探索，其确定的专利侵权

---

❶ 王芳. 论 ACTA 下著作权侵权损害赔偿额确定问题［J］. 世界贸易组织动态与研究, 2012,（19）4：33 - 39.

赔偿的分摊规则不同于全部市场价值规则，有助于解决赔偿问题。在专利侵权司法实践中，法院常采用全部市场价值规则，结合专利或发明整个产品的价值来作为专利权人获得赔偿的基础，忽视了侵权的覆盖面，不分部分侵权和全面覆盖，容易导致过度赔偿。因此，引入"分摊规则"成为许多学者的主张。分摊规则区分被侵权产品中的技术贡献，将被侵权专利的技术贡献在侵权产品中总价值的比值，作为计算专利侵权赔偿的基数。❶分摊规则使侵权人只对被侵权的专利本身进行赔偿，而不是整个侵权产品。这与民法上的损害赔偿原理是一致的，通过赔偿一个具体的损害，使被损害方恢复到被侵权的状态。

依据不同的侵权形态，美国在具体适用分摊规则上也不同。在制造并销售侵权产品方面分了两种侵权形态：一是当专利覆盖整个装置时，装置的全部利润归功专利发明，专利权人就整个装置的利润获得赔偿；但是，在专利改进的情况下，专利权人并不必然获得整个装置利润的赔偿，侵权人则有义务对改进了的专利对侵权产品利润贡献进行举证，❷根据侵权人的举证情况确定专利权人应获得的赔偿。二是当专利涉及某种改进或零部件时，专利权人有责任对改进专利或零部件产生的价值进行证明。在使用侵权方面，专利权人要为侵权人在侵权期间取得类似效果而使用专利发明较之使用其他产品或方法所导致的成本节约进行举证。❸

我国适用全部市场价值规则，也出现了专利侵权巨额赔偿的案例。2006 年的正泰案，❹一审法院判决被告向原告赔偿 3.35 亿元人民币是适用全部市场价值的结果，该案引起了很多的争议。分摊规则的合理性、具体适用中不同侵权形态的区别对待是值得我们借鉴的。但是，分摊规则应以善意侵权为前提，恶意侵权应根据具体情节适用全部市场价值规则，为专

---

❶ 吴广海. 美国专利侵权损害赔偿中的分摊规则问题 [J]. 知识产权，2012，6：82 – 88.

❷ Elizabeth v. Pavement Co. , 97 U. S. 126, 141 (1877).

❸ Eric E. Bensen, Apportionment of Lost Profit in Contemporary Patent Damages Cases, 10：8 Virginia Journal of Law & Technology 1, 37 (2005).

❹ 浙江省温州市中级人民法院（2006）温民三初字第 135 号。正泰集团股份有限公司诉施耐德电器低压（天津）有限公司等专利侵权纠纷。2009 年 4 月，双方当事人在二审中和解，被告向原告支付 1.575 亿元人民币。

利纠纷的法定赔偿作出区分。

2.3.2　明确我国侵权损害的计量标准

我国法定赔偿制度中还未形成明确、统一的计量标准，这个核心问题直接影响着法定赔偿制度的适用。专利法、商标法和著作权法等法律及司法解释对这个核心问题都稍有涉及但不统一。由于司法审判的需要，有些地方上的高级法院如北京、浙江、广东等发布"指导意见"对计量标准进行了规定，但是明显不统一，同时法院受"指导意见"的约束不同，出现同案不同判的现象就不足为奇了。

理论界对法定赔偿计量标准争执不下，形成了四种比较突出的学说：权利数量计算标准说、侵权人数量计算标准说、权利客体种类计算标准说和侵权行为计算标准说。侵权数量计算标准❶认为，若将法定赔偿额作为整个案件的赔偿额，那么每个被侵权产品的价格、市场认可度、占有率、生产数量、利润等因素和错综复杂的关系，会直接影响赔偿数额的确定；若将法定赔偿额按照侵权数量计算，将每一项被侵权的具体知识产权作为计算单位，情况就会简单明了多了。❷ 最高人民法院在专利、商标、著作权民事纠纷案件的解释中也作出了类似规定。

侵权人数量计算标准说认为应当依据侵权人（被告）的数量多少分别确定最高法定赔偿额。该学说的出发点是一个侵权人和多个侵权人所造成的后果是不同的，同时便于案件的合并受理，节省诉讼资源，提高诉讼效率。但是，该学说忽视了计算标准的科学性，也没有区分多个侵权人主观上是否是共同故意。

---

❶　陈舟. 对知识产权侵权案法定赔偿的几点建议［J］. 电子知识产权，2003，10：36－37.

❷　如《最高人民法院关于审理专利纠纷案件适用法律问题的若干规定》第 20 条："权利人因被侵权所受到的损失可以根据专利权人的专利产品因侵权所造成销售量减少的总数乘以每件专利产品的合理利润所得之积计算。权利人销售量减少的总数难以确定的，侵权产品在市场上销售的总数乘以每件专利产品的合理利润所得之积可以视为权利人因被侵权所受到的损失。"第 2 款规定："侵权人因侵权所获得的利益可以根据该侵权产品在市场上销售的总数乘以每件侵权产品的合理利润所得之积计算。侵权人因侵权所获得的利益一般按照侵权人的营业利润计算，对于完全以侵权为业的侵权人，可以按照销售利润计算。"

权利客体种类计算标准以被侵犯的知识产品数量为计量标准，认为法定损害赔偿是针对一部作品而不是一个侵权行为。该学说认为，在著作权中，应将被侵权一部作品单独计算法定赔偿额，再乘以被侵权作品总量，计算法定赔偿的总额。《北京市高级人民法院关于确定著作权侵权损害赔偿责任的指导意见》第 10 条："适用法定赔偿方法应当以每件作品为计算单位。"这种计算方法在美国著作权法中也有所体现。但是，也有学者认为，种类标准特别是在著作权论文合集场合下，多篇论文形成一部作品，"会使部分侵权和全盘侵权法律责任同一，使侵权行为和侵权责任失衡"❶。

侵权行为计算标准以侵权行为发生的次数多少为标准，若以一次侵权赔偿 10 万元、两次侵权赔偿 20 万元来计算，就忽视了太多的因素，显然是不科学的。但有时特殊情形下的侵权难以确定侵权数量，不得已采取这种方法，暂时为权利人提供保护，待理论成熟，再参考相关标准修改法律规定，也是一种缓兵之计。美国的《数字化时代版权法》对网络传播中侵犯技术措施、版权管理信息的行为采取了这种计算方法，只是对三年内重复侵权的可提高至三倍的法定赔偿额。

笔者认为，知识产权法定赔偿应以侵权数量为计算标准为主。该标准在计算上具有科学性，区分侵权类型、性质，同时能够解决侵权竞合情形，应成为我国知识产权法定赔偿的计量标准。

2.3.3　细化法定赔偿额的幅度，限制自由裁量权

法定赔偿的适用离不开法官在案件事实基础上的具体运用，"50 万元以下""1 万元以上 100 万元以下"及"300 万元以下"等上下限规定，并未对赔偿额的幅度作出划分，赋予了法官很大程度上的自由裁量权，导致法定赔偿适用泛化、法定赔偿额度较低等现象。

国内外法律中并无对法定赔偿幅度的细致划分，笔者对法定赔偿的幅度作一个拟制划分。首先，专利法、著作权法和商标法等法律制度中，根

---

❶　朱启莉. 我国知识产权法定赔偿计量标准的完善 [J]. 云南大学学报法学版, 2012, (25) 5: 71 - 75.

据知识产权对象、价值作用的不同，对法定赔偿额上下限的规定是不同的，我们对此要理性看待，不能要求数额上的统一。其次，规范法定赔偿的计量单位，以侵权数量说为主。再次，统一法定赔偿的参考因素。知识产权范围广、类型多，但侵权中所体现的因素是大致相同的，如侵权人的主观状态、侵权持续时间、被侵权产品的价值等因素；当然，由于知识产权的多样性，一些特殊的参考因素也应考虑其中，如著作权中作者的影响力知名度、专利法中部分侵权与全部侵权的划分、商标法中商标作为无形财产的价值。最后，根据参考因素划分幅度，如侵权时间较短且为善意侵权，侵权人承担法定赔偿上限的 20% 的赔偿额；侵权时间长、主观恶性大，由侵权人承担法定赔偿额上限 90% 至全额甚至超过法定赔偿额的赔偿额度。法定赔偿幅度的细化，能够减轻法官的负担，做到有法可依；也能够使当事人预知法律后果，提出自己的主张。

2.3.4 适用过错推定，合理分配举证责任

我国知识产权立法体现了"无过错责任"和"过错责任"相结合的方式。《著作权法》第 47 条列举的 11 类侵权行为、第 48 条列举的 8 类侵权行为，并未追究侵权人是否具有过错。《商标法》第 57 条列举了 7 类侵犯注册商标专用权的行为，其中第 6 类"故意"字眼的出现，为过错责任埋下伏笔。《商标法》第 63 条第 2 款规定了举证责任的倒置，这说明，第 2 款支持过错推定责任。责任的认定直接影响了举证责任的分配。

2.3.4.1 权利人的举证

在知识产权侵权诉讼纠纷中，权利人作为原告，应承担证明"知识产权权利存在"和"被告（侵权人）存在侵权事实"的责任。

知识产权具有特殊性，如专利权、商标权等需要经过行政程序予以确认，由于法定的原因予以撤销或者宣告无效的情形有可能出现。权利人享有知识产权，并且权利已被认定，是知识产权诉讼的前提条件。因此，原告（权利人）必须举证以证明权利存在。知识产权侵权纠纷中常见的权属证据有以下几类：（1）专利权纠纷应当提供行政部门关于确认专利权人身

份和授予荣誉证书的技术成果文件。（2）著作权法中，中国公民、法人或其他组织的作品落地生根，不论是否发表，都享有著作权；外国人、无国籍人的权属按照法律规定。原告应提供作品手稿（含未发表的手稿）、创作素材、参考史料、原著等。涉及计算机软件应当提供软件登记证明的相关文件。（3）商标法中，注册商标的举证相对容易，只提供注册商标的相关证书及注册商标许可使用合同等文件；未注册商标要举证商标的使用时间、使用类型及影响力等方面，未注册的驰名商标还应考虑相关公众的认知度等因素。

原告除了证明自己知识产权权利的存在，还应证明被告实施了侵权行为。有学者认为原告还应证明自己的损失与侵权人的侵权行为有因果关系。笔者对此观点不予支持。一方面，权利人拥有知识产权，被侵权就有权要求停止侵权等，无论自己是否已经受到损失；另一方面，不应给权利人施加举证重担，举证责任倒置能够更好地解决这个问题。

2.3.4.2 侵权人的举证

《专利法》第 61 条第 1 款❶、《著作权法》第 53 条❷、《商标法》第 63 条第 2 款❸分别对侵权人举证作出了规定。

《专利法》第 61 条第 1 款针对的是新产品制造方法。《著作权法》第 53 条对有关复制品侵权适用了过错推定原则。需注意的是，出版者、制作者、发行者、出租者的行为若具有主观上的过错，则不需要使用此条规定即可认定构成侵权，应承担相应责任。❹《商标法》第 63 条第 2 款采用了过错推定原则，对侵权人实行举证责任倒置。在法定赔偿方面，侵权人的

---

❶　涉及新产品制造方法的，制造同样产品的单位或者个人应提供不同于专利方法制造产品的证明。

❷　侵权人不能证明出版、制作具有合法授权的或发行、出租的复制品具有合法来源的，应当承担法律责任。

❸　权利人已经尽力举证，但是与侵权行为有关的账簿、资料主要由侵权人掌握，可以责令侵权人提供；侵权人不提供或虚假提供的，参考权利人的主张和证据判定赔偿额。

❹　国务院法制办公室编. 中华人民共和国损害赔偿法典［M］. 北京：中国法制出版社，2012：395 - 395.

举证主要体现在：（1）证明不同于知识产品方法制造；（2）证明知识产权产品来源合法；（3）提供与侵权行为相关的账簿、资料。法定赔偿额与侵权人利润有一定关系，侵权人若不提供与侵权行为相关的账簿、资料，就可参考权利人的主张和证据判定赔偿额。过错推定原则的适用，推动了举证责任倒置在知识产权侵权诉讼中的运用。从上述规定中也可以看出，过错推定原则的适用还是比较有限的，举证责任的明确规定也不多，应当逐步、适时地扩大其适用范围。

2.3.4.3 司法、行政机关依职权取证

为了解决"举证难"的问题，《专利法修改草案（征求意见稿）》建议赋予司法机关调查取证权。意见稿贯穿了《民事诉讼法》的相关规定，明确了法院调查取证的权利。在两种情形下，法院依职权调查取证。一是侵权人掌握的涉及侵权产品以及账簿、资料等相关证据；二是侵权人拒不提供或转移、伪造、毁灭证据。对于第一种情形，法院应当根据原告方的申请；对第二种情形，法院可以直接采取强制措施。另外，对构成犯罪的，追究刑事责任。意见稿还强调了行政执法机关的举证作用，借鉴《商标法》第62条的规定，赋予其调查取证权，同时，明确执行公务责任，保障执法人员人身安全。

2.4 知识产权侵权责任保险的理论借鉴

为了适用知识经济的发展，知识产权保险制度悄然兴起。2004 年 4 月，《中关村知保合作框架协议》的签订，迈出了我国知识产权保险制度的第一步。❶ 2010 年 6 月 24 日，我国首个著作权交易保证保险产品面世，❷ 为增强买卖双方信心、降低交易成本，推动知识市场的发展开拓了新路。

---

❶ 吴辉. 中关村建立知识产权融资与保险机制［N］. 中国知识产权报，2004 - 4 - 24.
❷ 王慧. 信达财险退出国内首个著作权保险［N］. 中国保险报，2010 - 6 - 25.

知识产权保险根据被保险人的不同，可分为知识产权执行保险和知识产权侵权保险。前者的保险标的是被保险人享有的知识产权，保险事故是第三人侵犯知识产权，此种情形下的被保险人一般是权利人，第三人为侵权人。后者正好相反，保险标的是被保险人应承担的责任，保险事故是被保险人侵犯了他人的知识产权，保险范围是被保险人的辩护费用和法院判决的赔偿责任。此时，被保险人是侵权人。前一种保险被称为"进攻之矛"，侧重于保险公司对权利人的保护；后一种为"防守之盾"，侧重保险公司对被保险人（侵权人）的资金支持。❶

2.4.1 知识产权侵权责任保险的优势和缺陷

2.4.1.1 侵权责任保险的优势

知识产权侵权责任保险是第三人险，不需要专门计算知识产权的市场价值，省时的同时降低了相应的保险费用。承保的范围广泛，包括了诉讼费、损害赔偿费用以及其他的合理费用，一旦法院判决侵权人（被保险人）承担责任，侵权人（被保险人）在承担法定赔偿的费用上能够减轻压力，由保险人分担诉讼费、赔偿费及其他合理费用。

2.4.1.2 侵权责任保险的缺陷

（1）保费较高。由于这种保险的承包范围、地域广泛，保险公司开展全球保险并不鲜见，加之各国法律法规差异大，保险公司的人力、财力消耗很大，保费高是必然。（2）属人管理严格。当今的发展，企业兼并、资产出售非常多，但是保险公司也有可能因为流动性大而免于承担侵权赔偿责任，这就要求对被保险人运用保险单予以严格限制。（3）赔偿速度慢。保险人为自身利益考虑，通常约定在一定情形下才承担侵权赔偿责任，特别是在法院判决生效后，但是众所周知知识产权侵权诉讼期间漫长，保险人的赔付速度可想而知。

---

❶ 孙宏涛. 美国知识产权保险制度管窥 [J]. 世界知识产权，2006：4：84 – 87.

2.4.2 知识产权侵权责任保险对法定赔偿的影响

2.4.2.1 转化赔偿对象

知识产权保险制度，是由投保人向保险人支付保险费，一旦出现侵权纠纷，就由保险人负责赔偿。知识产权保险制度使被保险人（侵权人）免于直接面对权利人的赔偿额，通过保险人分散责任，向社会转化。

2.4.2.2 挑战过错责任

我国知识产权法律保护中，一些条款涉及过错责任，在学者们的讨论中涉及过错推定责任的适用。然而，知识产权侵权责任保险在对风险及损失的转移、分散意义上，与无过错责任吻合。这对过错责任及过错推定责任无疑提出了挑战。

2.4.2.3 淡化惩罚功能

知识产权侵权责任保险使被保险人（侵权人）不再直接承担赔偿责任，转而由保险人承担，被保险人（侵权人）的赔偿责任得以分散，淡化了对侵权人的惩罚，更侧重于对被保险人（侵权人）的保障。

2.4.2.4 分担赔偿责任

知识产权保险的赔偿额的多少在于两个方面的因素：投保人的保险费和法律规定的最高赔偿额。因此，保险赔偿额不一定能够完全赔偿损失。但是，对于被保险人（侵权人）而言，由保险公司分担赔偿责任，从而减少自己的赔偿压力，尤其是在高额赔偿的情形下，是能起到分担作用的。笔者认为，知识产权侵权保险应当是针对善意侵权行为的，被保险人（侵权人）侵权是由于客观原因，保险人才愿承担保险责任；若被保险人（侵权人）恶意侵权，保险人可将此作为免责条款。

2.5 引入严格的惩罚性赔偿

惩罚性赔偿是法定赔偿为弥补填平原则适用中的不足而产生的，两者关系密切。填平原则是法定赔偿的基础，惩罚性赔偿是法定赔偿在填平原则基础上对恶意侵权的特别适用。同时，惩罚性赔偿数额的确定与填平赔偿数额有一定关系，应遵循比例原则。惩罚性赔偿在比例上应当限制，使之与填平赔偿额具有合理的关联性。❶

2.5.1 引入惩罚性赔偿的必要性

引入惩罚性赔偿能够从功能、主观状态、适用、赔偿额等诸多方面，弥补填平原则适用上的不足。功能是补偿和惩罚。包括我国侵权责任法在内的侵权法注重补救而非制裁，这并不能遏制侵权行为的出现，只能通过补救、补救、再补救的方式维护权利人的权利。惩罚性赔偿通过补、罚结合的形式，解决填平原则不能有效保护权利人权利、制裁侵权人的问题，达到遏制侵权行为的目的。

注重侵权人主观状态。惩罚性赔偿不能被滥用，立法上应当特别注重侵权人在侵权行为中的主观状态，区分恶意与善意侵权，对恶意侵权行为适用惩罚性赔偿，把侵权人的恶意侵权作为其额外成本加以惩罚。补充填平原则的适用不足。填平原则不能很好地给予权利人充分的赔偿，通常来说，惩罚性赔偿额高于甚至远远高于填平原则确定的赔偿额，权利人就能够获得相对较高的赔偿额，增强权利人维权的积极性。赔偿额法定。惩罚性赔偿应当由法律法规作明文规定，对惩罚性赔偿的最高额进行限制，防止惩罚性赔偿额过高，平衡当事人之间的利益。

2.5.2 惩罚性赔偿的构成要件

美国在 1784 年的 Genay v. Norris 案中确认了惩罚性赔偿制度，经过长

---

❶ Palmer v. Ted Stevens Honda, Inc., 193 Cal. App. 3d 530, 238 Cal. Rpto. 363 (1987).

期的发展，惩罚性赔偿比较成熟，其构成要件包括三个方面。

2.5.2.1 主观恶意

在主观要件上，美国各州的规定不一样，有的法院注重主观上的故意；有的注重被告主观上恶意或者动机恶劣；有的认为被告不必出于恶意但必须是被告有益的漠不关心、不尊重权利人的权利；有的法院考虑对重大过失施以惩罚性赔偿但是在学理和实践上仍存在不同的看法。对于我国知识产权法定赔偿的惩罚性规定，在主观上应要求侵权人具有恶意。大多数侵权人主观上存在"故意"，门槛太低容易造成适用的泛化。相对而言，"恶意"比"故意"的程度更重，侵权人主观具有恶意首先指向故意，同时也说明其动机恶劣。此时，侵权人应当承担惩罚性赔偿。

2.5.2.2 行为的高度可苛责性

惩罚性赔偿不能被任意适用，应针对具有高度可苛责性的行为，这种行为除了主观上具有恶意，还应被付与侵权过程中。在知识产权侵权案件中，这种行为应该表现为经过风险评估、利益评估后作出的侵权行为，即侵权人认真考虑侵权行为可能带来的风险和利益之后作出的选择，这种评估并不限于专业性的评估。高度可苛责的行为具有三个特点：第一，侵权人权衡利弊时以自身利益为中心，漠视权利人的合法权益；第二，侵权人的选择是违背法律规定的，是不道德的行为；第三，行为人在行为前明知行为的不正当性，或轻率地忽略了行为的不正当性。

2.5.2.3 造成了损害

惩罚性赔偿须以造成了实际损害为前提，且侵权人的侵权行为与权利人的实际损害之间具有因果关系。除了上述要件外，美国的很多判决还考虑到诸如被告人财产状况、经济条件、赔偿是否合理等因素，❶ 以确认适用惩罚性赔偿的正当性、平衡性。

---

❶ 王利明. 美国惩罚性赔偿制度研究 [J]. 比较法研究, 2003, 5: 1–15.

2.5.3　惩罚性赔偿的限制

基于案件的高额赔偿，美国很多学者主张限制惩罚性赔偿的数额。我国知识产权法定赔偿惩罚性赔偿原则正在探索中，不妨从美国的发展实践中加以借鉴。

2.5.3.1　比例原则

法定赔偿适用是以填平原则为基础的，惩罚性赔偿是法定赔偿在填平原则基础上的进一步发展。但是，惩罚性赔偿应与填平原则有一定的合理的比例关系，以防止惩罚性赔偿额过度高于填平原则确定的赔偿额。如美国印第安纳州法律规定，惩罚性赔偿额不能超过填平赔偿额的 3 倍或 5 万美元。科罗拉多州法律规定，惩罚性赔偿额不能超过填平性赔偿额。

2.5.3.2　最高额限制

对惩罚性赔偿的最高额进行限制是美国学者正在探讨的问题，主要是为了防止自由裁量权的滥用。有三种形式可以参考：第一种，以填平性赔偿额为基数，规定惩罚性赔偿不得超过填平性赔偿额的多少倍。第二种，由法律直接规定惩罚性赔偿的最高额。第三种，对前两种形式进行中和，既不能超过填平性赔偿额的多少倍，又不能超过法律直接规定惩罚性赔偿的最高额。笔者认为，第三种方式比较适合我国知识产权法定赔偿最高额限制。原因在于，我国知识产权法律或刚引入或即将引入惩罚性赔偿的规定，起点不宜过高，若法律不能适应将来知识经济的发展，可以进行修改，提高惩罚性赔偿的最高额。

2.5.3.3　原告获赔限制

高额的惩罚性赔偿额的填平作用是显而易见的，原告获得的高出其实际损害很多的数额是不公平的，美国许多州的法律规定权利人要将一定比例的赔偿额上交给政府。笔者认为，若全部上交政府，将政府作为知识产权侵权纠纷的完全受益者是不合适的，毕竟权利人造就了知识产权权利，将权利人排除在受益范围外的做法是不可取的。为了避免权利人获得高额的赔偿，可以采取部分上交的方式。就目前我国法定赔偿的惩罚性赔偿的力度来说，惩罚性赔偿额比美国低很多，与美国作出相似的限制不符合我国国情，将惩罚性赔偿的85%归原告，15%上交政府或90%归原告，10%上交政府或者其他政府更小比例的形式是可以一试的。综上，明确引入惩罚性赔偿的必要性、确定惩罚性赔偿的要件并对惩罚性赔偿作出限制，是能够适于知识产权法定赔偿的需要的。

2.6　确立知识产权法定赔偿的独立地位

2.6.1　法定赔偿与全面赔偿法律设计不同

法定赔偿是法律在事前（发生侵权行为前）确定赔偿额的赔偿制度。❶侵权人能够预见到侵权后适用法定赔偿的法律后果，经过法律风险评估或利益权衡后实施侵权行为。法定赔偿中对恶意侵权人的惩罚性赔偿规定在于通过这样的法律规定警戒潜在侵权人从事相似行为，否则，将承担同样的法律后果。全面赔偿原则是根据法律规定的权利人实际损失、侵权人获利或者许可费用的倍数来计算赔偿数额，而三种计算方法是事后才能确定的，事后发生的赔偿额通常是由大量的充足的证据支撑的，权利人、侵权人无法预知。全面赔偿原则关注的是权利人损失的赔偿。❷两者分别是事前、事后的法律设计，关注的目标不同，起到的作用不同。若将事前确定的法定赔偿融入事后确定的全面赔偿计算方法中，显得混乱、不合理。

2.6.2　法定赔偿不是全面赔偿的补充

全面赔偿是损害赔偿的一项基本制度，我国法律中将法定赔偿放在全

---

❶　如 ACTA 第 9 条第 3 款将法定赔偿规定为"事先确定的赔偿"；再如美国《数字化时代版权法》规定：侵犯一次技术措施，处 200～2500 美元赔偿金；侵犯一次版权管理信息，处 2500～25000 美元赔偿金。3 年内重复侵权的，额度可提高到 3 倍。

❷　石睿. 美德两国惩罚性赔偿的当前发展 [J]. 法制与社会，2007，2：24－27.

面赔偿的计算方法中且末位适用，导致一些学者认为法定赔偿是全面赔偿的补充❶。笔者不赞同这种观点。其一，从司法实践中法院对法定赔偿适用绝对比例来看，法定赔偿得到了实践上的认可，掩盖了全面赔偿的作用；法律规定应当将法定赔偿从全面赔偿规定中分离出来，以突出全面赔偿的特点。其二，法定赔偿是承担侵犯知识产权赔偿责任的特殊形式，由知识产权侵权的复杂性决定的，其考量因素众多，需要综合各方利益进行衡量，适用的推算方法并非精确计算权利人实际损失或者侵权人的获利，与全面赔偿精确的计算方法是不同的。其三，在国外法律中，有对法定赔偿选择适用的规定。美国版权法规定了损害赔偿的两种方式，前述已有论及，此处不再赘述。版权所有人实际损失和侵权人利润实则对应我国法律规定中的全面赔偿原则，将法定赔偿作为一项独立的赔偿方式，权利人可不以实际损害和利润计算赔偿数额，而直接选择适用法定赔偿。❷ 因此，法定赔偿不是全面赔偿的补充计算方法。

2.6.3　赋予权利人对比选择适用的权利

全面赔偿原则是一般损害的赔偿原则，目的在于填平权利人的实际损失，具有补偿性质。计算方法有权利人的实际损失、侵权人的获利、许可费用的倍数三种情况。对权利人来说，适用全面赔偿原则主要有两个考量条件：一是有充分的证据证明自己的实际损失或者侵权人的获利或参照许可费用的倍数；二是认为全面赔偿额比法定赔偿额高，更有利于权利人。权利人对自身损失或侵权人获利进行前期考量，通过全面赔偿和法定赔偿的对比，对受偿额作出预期，从而作出适用上的选择，是可信的。司法实

---

❶　田娟，宋庆文．知识产权侵权损害的法定赔偿制度［J］．广西社会科学，2004，8：99 -102.

❷　《美国版权法》第 504 条规定，版权所有者在终局判决作出以前的任何时候，可要求赔偿诉讼中涉及的任何一部作品版权侵犯行为的法定损害赔偿，来代替依据权利人实际损害和侵权人的利润所进行的赔偿。

践中，不乏适用全面赔偿所判赔偿额高于法定赔偿最高限额的案例。❶ 法定赔偿以全面赔偿原则为基础，兼采惩罚性赔偿。在出发点上，与全面赔偿具有一致性，都体现出了对权利人的保护。在性质偏向上，法定赔偿体现了对恶意侵权人的惩罚性。

笔者认为，若权利人选择适用法定赔偿，可以在三种情形下考虑：一是权利人诉讼主要目的是要求侵权人停止侵权，对赔偿期望值不高，接受象征意义上的赔偿，在法定赔偿范围内的赔偿无特别要求；二是权利人怠于取证，直接要求适用法定赔偿给予一定数额的赔偿即可；三是权利人在适用全面赔偿原则遇到举证困境，转而要求适用法定赔偿。❷ 在计算方法上，推算方法相对简单易行，可以考虑应用在法定赔偿中。法定赔偿对恶意侵权人进行惩罚性赔偿，可以加大对恶意侵权人的惩罚，保护权利人的利益。因此，法定赔偿与全面赔偿应该是并列的基本制度，法定赔偿的独立地位应得到承认。

---

❶ 如王老吉与加多宝之争，判决加多宝公司赔偿王老吉"经济损失"1080 万元，可见，法院采用的是全面赔偿原则，由此确定的赔偿额远超《商标法》的法定赔偿限额 300 万元。参见广东高级人民法院（2013）粤高法立民终字第 567 号判决。

❷ 《美国版权法》第 504 条规定，版权人在法院作出最终判决的任何时候，都可要求赔偿诉讼中涉及的任何一部作品版权侵犯行为的法定损害赔偿，来代替依据权利人实际损害和侵权人的利润所进行的赔偿。

第3章

专利侵权损害赔偿问题研究

专利权受到不法行为侵害时，在法律上如何对其进行保护才能使结果科学合理，这个问题无论是在我国还是世界范围内，都是一个热点和难点问题。专利侵权损害赔偿制度在适用中存在一定的问题，譬如法律规定得过于原则性，可操作性不强；法律规定的四种计算方法赋予了法官较大的自由裁量权，导致在具体的个案中，权利人的权利得不到保障等。司法实务中的种种问题会直接影响社会公众参与创新的积极性。在世界范围内，美国等一些国家的专利立法已经经历了上百年的发展，其专利制度已达到了相当完备的水平，我们要通过分析这些国家的专利制度，从中借鉴有益的经验和做法，为完善我国专利制度提供切实可行的依据。

3.1 专利侵权损害赔偿概述

3.1.1 专利侵权损害赔偿问题的提出

在确定专利侵权行为所要承担的责任形式时，应当考虑到专利侵权行为是民事侵权行为中很重要的一种，所以首先要比照适用《民法通则》中对一般的民事侵权责任形式的规定。❶ 又因为专利侵权行为与一般的民事侵权行为相比，有其自身的特殊性与复杂性，在确定专利侵权的责任形式时还要考虑到这一点，当然《民法通则》也对此进行了规定，并体现于118条中。❷

在专利侵权案件中使用最多的民事责任形式是损害赔偿，并且专利损害赔偿的民事责任一直都是热点与难点问题。由于专利本身的特殊性及复杂性，导致了无论是理论界还是司法实务界，对专利侵权损害赔偿制度的建立及完善有着很大的争议。由于损害赔偿在专利侵权案件中占有着很重要的位置，因此就不可避免地要去对专利侵权损害赔偿的基本理论问题讨论界定。在理论中如何认识和界定专利侵权损害赔偿的含义、目的、性质、范围、计算方法，会对法院的判赔结果产生重要的影响。

3.1.2 专利侵权损害赔偿的含义

"专利侵权损害赔偿"通常包含三层含义。首先，它是《民法通则》中规定的一种具体的民事责任形式，当不法行为人侵害了他人享有的专利权并造成损害时，即负有赔偿的义务。如果侵权人不履行赔偿义务，权利人就有权提起民事诉讼，通过人民法院的判决强制侵权人承担赔偿损失的责任。其次，它还是一种非常重要的知识产权法律制度，即专利侵权损害赔偿制度。根据《专利法》的规定，公民、法人或者其他组织，凡侵犯了他人享有的专利权，给权利人造成损害的，都应当予以赔偿。再次，它是指权利人与侵权人之间的一种权利义务关系，即指公民、法人和其他的民事主体，在专利权受到侵害，遭受财产损害时，依法享有的请求赔偿的权

---

❶ 《民法通则》第134条规定：承担民事责任的方式有，停止侵害、排除妨碍、消除危险、返还财产、恢复原状、修理、重作、更换、赔偿损失、支付违约金、消除影响、恢复名誉、赔礼道歉。以上承担民事责任的方式，可以单独适用，也可以合并适用。人民法院审理民事案件，除适用上述规定外，还可以予以训诫、责令具结悔过、收缴进行非法活动的财物和非法所得，并可以依照法律规定处以罚款、拘留。

❷ 《民法通则》第118条规定：公民、法人的著作权（版权）、专利权、商标专用权、发现权、发明权和其他科技成果权受到剽窃、篡改、假冒等侵害的，有权要求停止侵害，消除影响，赔偿损失。

利，加害人负有赔偿义务的民事法律关系。此种法律关系也被称作侵犯专利权损害赔偿之债。

3.1.3 专利侵权损害赔偿的性质

在我国学术界，对于专利侵权损害赔偿的性质有两种不同的观点，即补偿性侵权损害赔偿和惩罚性侵权损害赔偿。

补偿性侵权损害赔偿观点认为，损害赔偿的目的是弥补专利权人因为侵权人的侵权行为而遭受的损失，并通过恢复原状的方式来实现，而不是为了惩罚侵权人。如果权利人获得了惩罚性的赔偿，那么赔偿数额就会超过其所遭受到的实际损失，权利人就会从他人的侵权行为中获得利益，这是与我国的民法理论以及传统道德相悖的。

惩罚性侵权损害赔偿观点认为，在权利人获得足额的赔偿之外，惩罚性侵权损害赔偿能够有效地对侵权人进行惩罚并且可以威慑潜在的侵权人。首先，在知识经济时代，侵权人越过知识产权的壁垒进行侵权行为的成本很小，往往能够获得丰厚的利润。其次，专利权人的实际损失以及侵权人获得的利润在司法实践很难举证，这使得在具体的案件中，法院判赔的数额通常会低于权利人受到的实际损失。基于以上两点原因，为了达到弥补专利权人遭受的损失以及遏制侵害专利权行为的目的，应当给予被侵权人比实际损失更多的赔偿数额。最后，惩罚性侵权损害赔偿能够更有力地震慑潜在的专利侵权人。

在我国民法理论界，通说认为损害赔偿的性质主要是补偿性，同时还具有一定的惩罚性。对于专利权人因被侵权而受到的实际损失予以赔偿，体现了对权利人的补偿，但在具体的损害赔偿计算方法中，有两点体现了对侵权人的惩罚。

第一，以专利许可使用费的倍数来确定赔偿的额度。通过对司法审判实务中的判决研究发现，法官以许可使用费的方法来确定赔偿额时，通常都不会只判赔正常的许可使用费，而是以许可费的 1～3 倍来确定赔偿数额。且最高人民法院也以司法解释的形式确定了许可使用费 1～3 倍这种做法的法律依据。那么，为什么法律会这样规定呢，一些学者认为如果以正常的许可使用费来判赔，就会使得侵权人的侵权行为没有任何成本，如果侵权行为没有被发现就会有巨大的经济回报，万一被发现了，也只需要赔偿正常的许可使用费而已，这种方式有放纵侵权人侵权的嫌疑。侵权行为人可能会为了获得高额的经济利润而去从事这种法律投机行为，为了有效地体现对侵权人的惩罚以及对社会公众的预警，有必要以许可使用费的倍数来判赔。

第二，在法定赔偿额的范围内确定赔偿数额。知识产权领域法定赔偿的雏形最早源于英国的安娜法，且美国于 1976 年将法定赔偿写入了其版权法中。该条规定在侵权行为人的侵权行为成立的条件下，当权利人无法证明自己利润损失和侵权人的非法获利，或者法院认为以上两种方式都不足以赔偿权利人的损失时，法院可以依据一定的考量而判赔一定的赔偿额。可见美国版权法中的法定赔偿是有一定的惩罚性的。而我国的法定赔偿的适用条件虽然与美国版权法中的使用条件不一样，但是也同样具有惩罚性。

笔者认为，我国民法理论界对于知识产权侵权损害赔偿性质的理解是不准确的，不能够仅仅凭许可使用费的倍数以及法定赔偿额来断定知识产权侵权损害赔偿具有惩罚性。法定赔偿额以及许可使用费的倍数是专利法赋予法官的自由裁量权，法官在确定赔偿数额时要考虑专利权的市场价值、侵权行为的情节、侵权产品的利润等因素，从而最终确定赔偿额，所以说法定赔偿和许可使用费的倍数也不一定是惩罚性的体现。再者，由于专利的特殊性，其一旦受到侵害往往会产生很大的经济损失，该损失在多数案件中是远远超过许可使用费的，所以说单凭"倍数"这一词来判断它的惩罚性是不严谨的。

3.1.4 专利侵权损害赔偿的范围

从权利人的角度来说，损害赔偿范围是指侵权行为人对权利人所造成的损失范围，侵权行为人要对此范围内的损失承担赔偿责任。现在的通说认为，专利侵权损害赔偿主要包括两部分：权利人的财产损失和权利人为制止侵权行为而支付的合理费用。我国专利法在第三次修改之后，将合理费用的赔偿正式明确规定于专利法中。

3.1.4.1 专利侵权行为给权利人造成的财产损失

权利人所遭受到的财产损失有直接损失和间接损失两种。其中，直接损失是指权利人因为侵权行为而已经遭受到的经济利益的损失。间接损失是指权利人因侵权行为的存在而可能遭受到的未来的经济利益的损失。判定间接损失时要满足以下三个标准：一是间接损失是指目前还没有发生的损失，是因为侵权行为的存在对权利人的经营活动产生了一定的影响，在未来可能发生的经济利益的损失。二是这种有可能在未来发生的经济利益的损失是有一定的现实依据的，即依据目前的侵权状况及市场状况是可以判断未来会有这一经济损失的，并不是臆想出来的。三是这种有可能发生的经济损失必须是一定范围内的损失，超出一定的范围是不可以被认定为间接损失的。

3.1.4.2 权利人为制止侵权行为而支出的合理费用

专利侵权损害赔偿制度中的合理费用通常是指，在侵权行为已经出现的情况下，权利人为了制止侵权行为而支付的费用，包括权利人在调查侵权事实时支出的费用、制止侵权行为支出的费用以及权利人以诉讼的方式解决纠纷时支付的合理费用。实际上，权利人为此支付的合理费用完全是由侵权人的侵权行为造成的，所以侵权人应当承担这部分的费用。最高人民法院出于审判实践的需要，于 2001 年 6 月将合理费用的判赔写入了《最高人民法院关于审理专利纠纷案件适用法律问题的若干规定》[1]，这一规定的确定，可以使权利人的损失得到充分的赔偿，利于保护权利人的利益。为了进一步确保合理费用在司法实务中的判赔，在 2008 年进行《专利法》

---

[1] 2001 年 6 月发布的《最高人民法院关于审理专利纠纷案件适用法律问题的若干规定》第 22 条规定：“人民法院根据权利人的请求以及具体案情，可以将权利人因调查、制止侵权所支付的合理费用计算在赔偿数额范围之内。”

第三次修改时，将合理费用的判赔纳入到了专利侵权损害赔偿的范围中。❶

在世界各国的立法及司法实务中，对于是否支持对合理费用的主张，各个国家的做法都不一致，但是，在支持主张合理费用的国家中，一般认为合理费用包含以下几种。

（1）律师费。对于律师费的判赔，各个国家的立法规定有所区别。TRIPS 协议对于律师费的判赔也进行了规定。❷ 从 TRIPS 协议的规定中可以看出，它是支持律师费的判赔的，但是它在规定律师费的判赔时是这样描述的"可以包括适当的律师费"，从此表述中我们知道了在专利侵权损害赔偿案件中，律师费的判赔并不是成员国的义务。TRIPS 协议之所以作出这样的规定，是考虑到各个国家法律的多样性。世界上主要国家对律师费的判赔规则有以下两种：一种是美国的做法，胜诉方的律师费不应当由败诉方承担，除非具有法律所规定的例外情形，这就是美国在其判例和立法中形成的"美国规则"。在专利侵权损害赔偿案件的审理中，胜诉方须证明侵权人有故意侵权行为，或者在诉讼中有不当行为，才可以构成法律所规定的"例外情形"。另外一种是德国与英国的方法。如德国法律规定，律师费用是诉讼费用的一部分，并由败诉的当事人承担。依据英国律法，败诉方应赔偿胜诉方的费用，包括律师费，这就是"英国规则"。

笔者认为，对于律师费的承担应当采取德国及英国的做法，即权利人为制止侵权行为而支付的律师费应当由侵权人承担。具体理由如下：首先，现代社会中诉讼逐渐地趋于专业化、技术化，尤其是专利本身的专业性很强，对于律师来说专利侵权诉讼是一个很复杂的难题，更不要说对于一般的当事人了。因此，权利人为了维护自身的利益而委托律师进行诉讼是必要的，由此而产生的律师费也是合理的，应当由侵权人承担。其次，侵权人的故意或者在诉讼中的不当行为不应当对其承担胜诉方的律师费而产生影响，更何况在诉讼中，侵权人在实施加害行为时是否故意是很难判

---

❶ 2008 年在对《专利法》进行第三次修改时吸收了关于合理费用的上述规定，在第 65 条第 1 款最后补充规定"赔偿数额还应当包括权利人为制止侵权行为所支付的合理开支。"

❷ TRIPS 协议第 45 条第 2 款规定，司法当局应有权判令侵权人向权利人支付相关费用，可包括适当的律师费。

断的。在适用"美国规则"时，经常会出现这样的问题：不同案件中的胜诉方，有的获得了赔偿，有的却没有获得赔偿，这对于胜诉方来讲是不公平的；同样，不同案件中的败诉方，有的承担了胜诉方的律师费，而有的则没有承担胜诉方的律师费，这对于败诉方来讲也是不公平的。因此侵权人的恶意或者在诉讼中的不当行为不应当对其承担胜诉方的律师费而产生影响。最后，TRIPS 协议中虽并没有要求各国的司法当局必须判令侵权人向权利人支付律师费，这是 TRIPS 协议是考虑到了各个国家法律规定的多样性之后作出的最低要求，并不反对我们在这标准之上制定规则。

综上，笔者认为权利人为制止侵权行为而支付的律师费应当由侵权行为人承担。并且经过考察，在我国最早开始知识产权侵权审判的北京市中级人民法院在权利人胜诉的情况下，一般都会判令侵权行为人承担胜诉方的律师费。❶

（2）为调查取证或者制止侵权行为而支付的差旅费或者报酬。为了查明和制止侵权行为，权利人调查取证需要支付一定的费用，例如交通费、住宿费、聘请和委托他人调查取证支付的报酬等。

在 2000 年之前，上述费用的判赔没有法律依据，并且司法审判实务中，法院对这部分费用是不会支持的，为了应对司法审判实践的发展，2000 年以后在对知识产权法进行修改时，将上述费用的判赔逐步纳入法律规定中，为法院判赔合理费用提供了法律依据。

（3）鉴定费、咨询费或者其他费用。对于涉嫌侵权的产品或者证据，为了辨别其真伪，权利人自行委托有关专业机构鉴定或者咨询的，只要是合理的，侵权人均应当予以支付。

---

❶ 例如，在保定工艺健身器材厂诉北京市朝阳华新工艺品厂侵犯专利权纠纷案中，一审法院判令被告赔偿原告调查取证费、诉讼代理费4000元，见北京市中级人民法院（1992）中经字第573号民事判决书。在北京巴黎大磨坊食品有限责任公司诉北京太阳城商场侵犯商标专用权纠纷中，法院判令被告赔偿原告律师代理费2000元、调查取证费2020元、购买侵权食品款765.55元，见北京市中级人民法院（1993）中经知初字第623号民事判决。在北京制香厂诉保定市古城工艺香厂侵犯商标权纠纷中，一审法院判令被告赔偿原告代理费及取证费9080元，见北京市中级人民法院（1995）中知初字第19号民事判决。

3.2 我国专利侵权损害赔偿的立法及司法实践

专利侵权损害赔偿制度从 1984 年《专利法》颁布至今，已经经历了三次修改，专利侵权损害赔偿制度经历了从无到有到逐步完善的过程，力求与 TRIPS 协议逐步一致。

3.2.1 专利侵权损害赔偿制度的历史回顾

在 2000 年专利法修改之前，在专利法和专利法实施细则中对于侵权赔偿数额的计算方法没有规定。最高人民法院在 1992 年 12 月 29 日发布的《关于审理专利纠纷案件若干问题的解答》第 4 条对于专利侵权损害赔偿问题进行了解释。该条规定：专利侵权的损害赔偿，应当贯彻公正原则，使专利权人因侵权行为受到的实际损失能够得到合理的赔偿；专利侵权的损害赔偿额可以按照以下方法计算：一是以专利权人受到的实际经济损失作为损害赔偿额；二是以侵权人因侵权行为获得的全部利润作为损害赔偿额；三是以不低于专利许可使用费的合理数额作为损害赔偿额；人民法院可以根据案情的不同情况选择适用上述三种计算方法，双方当事人可商定其他合理的计算方法。

1998 年最高人民法院发布了《关于全国部分法院知识产权审判工作座谈会议纪要》，以文件的形式确立了法定赔偿的雏形，即定额赔偿。❶ 该《纪要》规定，在法院已经认定了被告的侵权行为成立，但无法确定原告的损失与被告的获利时，可以采用定额赔偿的方法来确定赔偿额，并规定了定额赔偿的限额。

2000 年，为了使我国专利法与 TRIPS 协议保持一致，以顺应我国加

---

❶ 最高人民法院在 1998 年 7 月 20 日发布的《关于全国部分法院知识产权审判工作座谈会纪要》中进一步以文件的形式规定："对于已查明被告构成侵权并造成原告损害，但原告损失额与被告获利额等均不能确认的案件，可以采用定额赔偿的办法来确定损害赔偿额。定额赔偿的幅度，可掌握在 5000 元至 30 万元之间，具体数额由人民法院根据被侵害的知识产权的类型、评估价值、侵权持续的时间、权利人因侵权所受到的商誉损害等因素在定额赔偿幅度内确定。"

入世界贸易组织的形势，更好地促进我国经济技术的发展，对专利法进行了第二次修改。这次修改结合了我国的司法实践，将司法解释中的规定上升到法律中，对专利法中的一些规定进行了修改，明确了将权利人受到的损失、侵权人的非法获利以及专利许可使用的倍数作为侵权损害赔偿额的计算方法。❶ 并且，这次修改将权利人受到的损失以及侵权人的非法获利这两种计算方法放在并列第一顺位，权利人可以选择适用其中一种计算方法，在前两种计算方法都无法确定赔偿额时，才可以使用专利许可使用费的倍数来确定赔偿额。但是，这并不能完全解决损害赔偿的计算问题，司法审判实务中常常会有这样的情况出现：既无法确定权利人的实际损失和侵权人的非法获利，又不存在可以参照的许可使用费时，损害赔偿额将如何确定？为了充分解决这一问题，最高人民法院在 2001 年 6 月 22 日公布的《关于审理专利纠纷案件适用法律问题的若干规定》中对《专利法》第 60 条的规定进一步作出了解释，❷ 该解释规定了在前三种方式都无法确定赔偿额时，可以采用法定赔偿来解决这个问题，该条解释对进一步解决侵权损害赔偿的问题作出了很大的贡献。

2008 年 12 月 27 日，第十一届全国人大常委会第六次会议通过了关于修改专利法的决定，修改后的专利法自 2009 年 10 月 1 日起施行。此次对《专利法》第 65 条❸规定作了四个方面的修改：（1）将法定赔偿从司法解释提升到了专利法的规定中。（2）将法定赔偿的数额提高，法定赔偿

---

❶ 2000 年《专利法》第 60 条规定：侵犯专利权的赔偿数额，按照权利人因被侵权所受到的损失或者侵权人因侵权所获得的利益确定；被侵权人的损失或者侵权人获得的利益难以确定的，参照该专利许可使用费的倍数合理确定。

❷ 最高人民法院在 2001 年 6 月 22 日公布的《最高人民法院关于审理专利纠纷案件适用法律问题的若干规定》第 21 条规定：没有专利许可使用费可以参照或者专利许可使用费明显不合理的，人民法院可以根据专利权的类别、侵权人侵权的性质和情节等因素，一般在人民币 5000 元以上 30 万元以下确定赔偿数额，最多不得超过人民币 50 万元。

❸ 《专利法》第 65 条规定：侵犯专利权的赔偿数额按照权利人因被侵权所受到的实际损失确定；实际损失难以确定的，可以按照侵权人因侵权所获得的利益确定。权利人的损失或者侵权人获得的利益难以确定的，参照该专利许可使用费的倍数合理确定。赔偿数额还应当包括权利人为制止侵权行为所支付的合理开支。权利人的损失、侵权人获得的利益和专利许可使用费均难以确定的，人民法院可以根据专利权的类型、侵权行为的性质和情节等因素，确定给予 1 万元以上 100 万元以下的赔偿。

的下限由原来的 5000 元提升为 1 万元，法定赔偿的上限由原来的 30 万元提升为 100 万元，加大了法定赔偿的力度，顺应了我国经济技术水平的发展。（3）确定了专利侵权损害赔偿的四种计算方式并对其适用顺序作出了严格的限制。专利权人的损害赔偿可以通过如下方法来确定：首先应当考虑专利权人因侵权行为所遭受到的实际损失，在实际损失无法确定时，再考虑侵权行为人的非法获利，当前述两种方式都无法确定赔偿额时，才可以参照专利许可使用费的合理倍数来确定赔偿额。最后，将法定赔偿作为损害赔偿计算方法的最后一关，在实际损失、非法获利、许可使用费合理倍数都无法确定时，以法定赔偿来确定赔偿额。（4）将合理开支纳入到了侵权损害赔偿的范围之内。这次对专利法的修改更加符合了 TRIPS 协议对各国的要求，并且这次修改也是从我国的自身需求出发，提高我国的自主创新能力，服务于建设创新型国家的要求。

从专利法的历次修改我们可以看到，立法是不断地进行改进的。我国的专利侵权损害赔偿制度也日趋完善，但是在司法实践中又暴露出这样一个问题：怎样才可以将专利技术特征贡献的利润从侵权产品整体销售量获得的利润中剥离出来？这个问题不仅仅是我国司法实务中遇到的问题，也是在美国立法及司法实践中引起很大争论的"技术分摊难题"❶。为了避免计算时的烦琐以及减少诉讼成本等原因，1946 年，美国国会废除了以侵权人的非法获利作为赔偿的规定，只能以专利权人的利润损失来计算赔偿额度，这样就避免了技术分摊难题。而我国在司法实践中也注意到了这一问题的重要性，并于 2009 年 12 月 21 日通过了《最高人民法院关于审理侵犯专利纠纷案件应用法律若干问题的解释》，该《解释》第 16 条规定了在确定侵权人的非法获利时，应当将侵权人的其他权利贡献的利益从非法获利

---

❶ 技术分摊难题，是在计算侵权人的非法获利时遇到的赔偿额的计算问题，即如何将专利技术贡献出的利润从整个侵权产品销售额产生的利润中分离出来。由于技术分摊难题的存在，使得侵权人的非法获利难以计算，所以，1946 年，美国国会取消了用侵权人的非法获利来计算专利侵权赔偿额的规定，以此来避免技术分摊难题。

中扣除。❶

3.2.2 司法实践中的适用情况

从专利侵权损害赔偿制度的历史演进中，可以看出法律规定得过于原则，缺乏一定的可操作性，在司法实务中法官究竟要运用什么方法来确定赔偿额，一直都是专利侵权损害赔偿领域中的难点。在确定赔偿额时要考虑到很多因素，如专利的价值、专利产品的市场占有率、侵权产品的销售量、单位产品的利润等，这些因素对赔偿额的确定起着很重要的作用，但同时如何确定影响赔偿额的众多因素在司法实务当中也是一个难点。当然，虽然在计算过程中存在很多的困难，但这并不能成为我们确定赔偿额的障碍。目前我国专利法规定了权利人的损失、侵权人的非法获利、许可使用费的合理倍数、法定赔偿四种计算方法，为了更进一步地明确这四种计算方法在司法实践中的运用，有学者运用实证研究的方法，以 2005 ~ 2010 年我国法院受理的一、二审专利民事侵权诉讼案件为样本，共搜集到专利权人胜诉案件 584 件，调解案件 135 件。再按照一定的标准对样本进行筛选与统计，最后共得到专利侵权胜诉案件 552 件，这 552 个案件覆盖了我国 23 个省、自治区、直辖市的 42 家人民法院的审判结果。

在选取的 552 件专利侵权纠纷案件中，适用权利人的实际损失计算赔偿额的案件仅为 1 件，适用侵权人的非法获利计算赔偿额的案件为 2 件，适用许可使用费的倍数计算赔偿额的案件为 3 件，而适用法定赔偿来确定赔偿额的案件却达到了 546 件，比例高达 99%。

虽然我国专利法将权利人的实际损失放在赔偿额计算方法的首要位置，并将法定赔偿放在四种计算方式最后，但从统计数据中我们可以看出我国的司法实践中对于法定赔偿的依赖非常大，这与我国专利法的立法初衷是不相符的。

---

❶ 2009 年 12 月 21 日通过了《最高人民法院关于审理侵犯专利纠纷案件应用法律若干问题的解释》，该《解释》第 16 条规定：确定侵权人因侵权所获得的利益，应当限于侵权人因侵犯专利权行为所获得的利益；因其他权利所产生的利益，应当合理扣除。

3.2.3 专利侵权损害赔偿计算方法的探讨

3.2.3.1 实际损失

最高人民法院在《关于审理专利纠纷案件适用法律问题的若干规定》第 20 条中规定了实际损失的计算方法。❶ 其计算公式为：

$$实际损失 = 减少的销售量 \times 每件利润$$

$$实际损失 = 侵权产品的销售量 \times 每件利润$$

这种计算方式我们可以理解为：因为侵权人的侵权产品大量地投放于市场中，侵权产品挤占了原本由专利产品占领的市场份额，导致权利人的销售量下降，因此要计算权利人的利润损失就要用减少的销售量乘以专利产品的单位利润，在减少的销售量无法确定的情况下，将侵权产品的销售量等同于专利产品的销售减少量，用侵权产品的销售量乘以行业内单位产品的一般利润来计算权利人的利润损失。

这种计算方式就是将权利人的实际损失等同于专利产品的利润损失，此种赔偿额的计算方式有以下几点不足之处：第一，有些情况下，市场上确实出现了侵权产品，但专利产品的销售量却并没有下降，在此情况下专利权人的损失将无法计算。第二，将侵权产品销售量完全等同于专利产品销售量的减少也是不合理的，在很多情况下，侵权产品之所以在市场上被认可不仅仅是因为专利的作用，还有可能是侵权产品本身有其他的改进，并且还有可能跟侵权产品的宣传等因素有关，所以完全将二者的量等同是不科学的。第三，专利权人的专利产品销售额的下降可能不仅仅是因为侵权行为而造成的。也可能是因为成本上升导致市场竞争力下降、市场上对该专利产品的需求下降或者是市场上出现了其他竞争者等许多原因造成了

---

❶ 《最高人民法院关于审理专利纠纷案件适用法律问题的若干规定》第 20 条第 2 款规定：权利人因被侵权所受到的损失可以根据专利权人的专利产品因侵权所造成销售量减少的总数乘以每件专利产品的合理利润所得之积计算。权利人销售量减少的总数难以确定的，侵权产品在市场上销售的总数乘以每件专利产品的合理利润所得之积可以视为权利人因被侵权所受到的损失。

销售额的下降,❶ 而将"多因一果"简单地归纳为"一因一果",对于侵权人来讲是不公平的。第四,仅仅以原告减少的销售量乘以每件利润是不合理的,这种计算方法并没有考虑到原告因为侵权产品的出现而对专利产品的价格调整,原告因为侵权行为的出现进行的降价、打折销售行为,或者说因为侵权产品的出现未能够按照预期涨价。这种计算方法会使权利人的损失得不到全部赔偿。

3.2.3.2 非法获利

《最高人民法院关于审理专利纠纷案件适用法律问题的若干规定》第 20 条第 3 款对侵权人因侵权行为的非法获利进行了规定。❷ 用公式表示为:

$$非法获利 = 侵权产品的销售量 \times 每件产品利润$$

以侵权人的非法获利来计算赔偿额,在专利权人的专利产品还没有投入到市场进行销售,无法得知其销售量的下降以及侵权行为人的账目清晰、管理规范的案例中发挥了重要的作用。相较之权利人的实际损失来说,这种计算方式在举证责任方面对权利人也比较有利。❸

然而,这种计算方式在司法实务的运用中也是存在一定问题的。第一,对于规定中所说的完全以侵权为业的侵权人,为了对其故意侵权行为进行惩罚,规定可以按照侵权产品的销售利润来计算赔偿额,但是,完全以侵权为业的侵权人往往没有财务会计制度,所以侵权产品的销售量无从

---

❶ 例如:在常熟市科技实验厂诉昆山市陆杨装饰材料厂专利侵权案件中,被告大量仿造原告已获外观设计专利权的八种"窗花粘贴"产品。法院在审理该案件时认为昆山市陆杨装饰材料厂确实存在侵权行为,但是该产品工艺的生产厂家较多,随着市场的饱和人们审美意识也发生了变化,因此将原告产品销售量的下降完全归于被告的侵权产品是不合理的。

❷ 《最高人民法院关于审理专利纠纷案件适用法律问题的若干规定》第 20 条第 3 款规定:侵权人因侵权所获得的利益可以根据该侵权产品在市场上销售的总数乘以每件侵权产品的合理利润所得之积计算。侵权人因侵权所获得的利益一般按照侵权人的营业利润计算,对于完全以侵权为业的侵权人,可以按照销售利润计算。

❸ 《最高人民法院关于民事诉讼证据的若干规定》第 75 条:有证据证明一方当事人持有证据无正当理由拒不提供的,如果对方当事人主张该证据的内容不利于证据持有人的可以推定该主张成立。司法审判实务也存在很多这样的案例,例如:在上海帅佳电子科技有限公司、慈溪市西贝乐电器有限公司与山东九阳小家电有限公司、王旭宁及济南正铭商贸有限公司发明专利侵权纠纷一案中,两被告拒绝提供侵权产品的账册,故推定九阳公司和王旭宁要求帅佳公司和西贝乐公司赔偿经济损失 300 万元的主张成立,予以支持。

得知，更无法根据销售量计算出赔偿数额。第二，技术分摊难题，侵权产品销售获得的利润中权利人的专利技术所贡献的利润只是其中一部分，其中还不乏侵权人自己的专利技术或者是非专利技术所贡献的利润，而将侵权产品销售获得的利润全部纳入到赔偿额中显然是不妥当的。❶ 第三，权利人在提起诉讼时，无法掌握侵权人的销售量及利润等，在诉讼提起后侵权人很可能会为了逃避法律责任而毁灭一些证据。

3.2.3.3　权利人在实际损失与侵权人非法获利间的选择

对我国现行专利法规定的前两种计算方法的分析可以看出，我国的专利侵权损害赔偿的计算方法是有严格的顺序要求的，首先应当计算权利人受到的实际损失，在实际损失难以确定的情况下才可以使用侵权人的非法获利确定赔偿额。但是，此种计算方法会带来一个问题，那就是在二者均可查明的情况下，且侵权人因侵权行为所获得的利润大于权利人的损失时，对于该差额应当如何处理？从民法理论上来说，侵权人因侵权行为所获得的利益是属于不当得利的范畴，所以该部分差额应当是侵权人的不当得利。该部分差额是否应当属于侵权人所有呢？不可以，否则该差额就会是侵权人因侵权行为所获得的利益，这不符合正义原则。那么，该差额是否应当返还给权利人所有呢？也不可以，从民法理论上讲，返还不当得利之债与侵权行为之债竞合的情况下，权利人只可以择一行使。因此，如果权利人得到了实际损害的赔偿，那对于差额的部分就无主张的权利。如果想要同时获得这两项请求权，就得摆脱民法理论的束缚，准许权利人在侵权之诉中同时行使损害赔偿请求权及返还不当得利请求权。这样权利人就可以在获得实际损失的同时，要求侵权行为人返还非法获利中超出实际损失的那部分。同时权利人获得的赔偿总额又不构成为民法所禁止的双重受偿。美国的商标法、版权法以及商业秘密法采取的便是此种立法模式。

---

❶　例如，北京市高级人民法院在北京新辰陶瓷纤维制品公司于北京英特来特种纺织品有限公司专利侵权案中，考虑到新辰公司的"防火卷帘"，包括被控侵权产品无机布基特级防火卷帘产品及与本案无关的无机布基防火卷帘产品两部分，证明审计报告所审计的部分产品不是被控侵权的产品。在以侵权人因侵权所获得的具体利益来确定赔偿额时，应排除防火卷帘中无机布基防火卷帘产品利润比例。

当然，若要采用以上的这种美国模式，以此来避免侵权人在承担赔偿责任后仍然能够获得利益的问题，需要在司法实践中突破我国民法原理的限制，这点恐怕是做不到的。那么我们就要寻求一种更适合的方法来解决这一问题。在此我们介绍一种英国的立法模式，即赋予当事人选择权，由当事人来选择实际损失和侵权人的非法获利中的任意一种方法来计算权利人应当获得的赔偿数额。❶ 在权利人因侵权受到的损失及侵权人的非法获利均可以查清且受到的实际损失大于侵权人的非法获利的，按常理其将选择以实际损失来计算赔偿额；若其实际损失难以计算或者非法获利大于实际损失的，其将选择侵权人的非法获利来计算赔偿额。这能够体现对权利人予以全部赔偿的原则，也使权利人仅提起侵权损害赔偿之诉即可。

3.2.3.4 许可使用费的合理倍数

通过前述两种方式还是不能确定侵权损害赔偿额时，人民法院可以参考专利许可使用费的合理倍数确定赔偿的数额。❷ 以专利许可使用费的合理倍数来确定赔偿额这种计算方法的适用前提是已经存在可以进行参照的许可使用费，如果说尚不存在合理的可以参照适用的许可使用费，就不可以依此方法确定损害赔偿额。

用专利许可使用费的合理倍数来确定赔偿额的方法在司法实践的运用中也会存在一定的问题：第一，人民法院在参照侵权行为发生以前已经存在的专利许可合同时，往往会要求权利人提供相关的证据以此证明专利许可合同的存在以及实际履行，这些证据通常包括纳税凭证、发票或者收据，这必然会加重权利人的举证责任。❸ 第二，如果在侵权行为发生以前，

---

❶ Hamilton – Brown Shoe Co. v. Wolf Bros. & Co?, 240 U. S. 251, 259, "In the court of England, the rule seems to be that a party aggrieved must elect between damages and profits, and cannot have both."

❷ 最高人民法院《关于审理专利纠纷案件适用问题的若干规定》第 21 条规定："被侵权人的损失或者侵权人获得的利益难以确定，有专利许可使用费可以参照的，人民法院可以依据专利权的类别、侵权人侵权的性质和情节、专利许可使用费的数额、该专利许可的性质、范围、时间等因素，参照专利许可使用的 1 至 3 倍合理确定赔偿数额。"

❸ 例如，在原告叶仲伦诉被告利仁科技有限公司、廊坊开发区利仁电器有限公司侵犯"食物搅碎机"外观设计专利权纠纷一案中，法院即认定，原告提交的专利实施许可合同中虽然约定了专利许可费用，但并没有证据证明该合同约定的费用合理并且已经实际履行，故不能据此确定赔偿额。

权利人并没有将专利许可给其他人使用，那么法院就要"参照"类似的专利许可使用费，在参照的过程中无疑又要考虑多种影响因素，这在我国的无形资产评估制度还不健全的状况下，参照后的赔偿额能否最大限度地反映权利人的损失还有待进一步讨论。

3.2.3.5 *法定赔偿*

《专利法》第 65 条规定，● 在依次采取以上三种计算方法后还难以确定赔偿额的，法院可以在考虑与侵权行为相关的因素后于法定额度内酌定对权利人予以定额赔偿。❷ 专利法对损害赔偿额的四种计算方法在适用顺序上做了严格的规定，从中我们可以看出在我国的立法中，是将法定赔偿放在一个补充辅助其他计算方法的位置上。

立法中虽然将法定赔偿放在一个补充与辅助功能的位置上，但是司法实务中的状况却完全相反。法院在审理专利侵权损害赔偿案件时使用定额赔偿这种方法确定损害赔偿额的案件占到了很大一部分比例，所以说司法实践中对于法定赔偿的依赖是很大的，而这种严重的依赖却反映出立法与司法实践的不相符。司法实践中之所以出现这种失衡的现象，主要原因是：权利人的实际损害、侵权人的非法获利和许可使用费的倍数这三种计算方法在实际运用当中分别存在着不同程度的举证难、计算难的问题，再加之法律规定的不明确导致了法官的自由裁量权过大，正是基于以上两点原因才会出现司法实践中对法定赔偿的过度依赖这种情况。

法定赔偿在司法实务的运用中主要存在以下问题：第一，专利法在进行第三次修改之后，将法定赔偿额的限度调整为 1 万元至 100 万元，这种

● 《专利法》第 65 条第 2 款规定：权利人的损失、侵权人获得的利益和专利许可使用费均难以确定的，人民法院可以根据专利权的类型、侵权行为的性质和情节等因素，确定给予一万元以上一百万元以下的赔偿。

❷ 例如：在范志宁诉常州智力微创医疗器械有限公司、常州智力医疗器械研究所专利侵权纠纷案中，法院在确定赔偿额时具体考虑了一下因素：1. 被控侵权产品的利润。2. 被控侵权产品的生产规模。3. 侵权行为的可能持续时间。综合上述因素，酌定了 30 万元的赔偿数额。在北京天威瑞恒电气有限责任公司诉北京电科四维电力技术有限公司一案中，法院依据原告提供的证据又综合了被告实施侵权行为的性质、规模、产品价格、一般市场利润、原告的专利许可使用费等多种因素，酌情判决被告赔偿原告的经济损失 100 万元及原告为本案诉讼所支付的合理开支 27000 元。

调整是顺应了我国的经济发展情况的，可是不同专利类型的市场价值不同，被侵权之后所发生的损害程度也会不同，笔者认为应当对发明、实用新型、外观设计不同类型的专利分别确定其法定赔偿限额。第二，当法院在使用法定赔偿这种计算方法判赔案件时，在判决文书中，并没有明确指出判决依据的考量因素与判赔数额的关系，以及每项因素的具体赔偿数额。在翻阅人民法院专利侵权损害赔偿案件的判决文书时不难发现，判决中只是笼统地说明了考量因素，并给出一个赔偿数额，而对于这些因素与赔偿额之间的关系以及每一项的具体数额，判决文书中只是"一笔带过"。判决文书千篇一律，这种做法会大大降低法院判决的公信力。

3.3　国外专利侵权损害赔偿的立法及司法实践

美国、英国及日本的专利侵权损害赔偿制度都具有较长的发展历史，并且在发展过程中又进一步地完善了，至今已经有很成熟的专利侵权损害赔偿制度。其中，美国的专利损害赔偿制度尤其完备，从 1790 年第一步部专利法颁布以来，已经有了两百多年的发展，逐步形成了一套非常完整的体系，在世界专利保护制度中占有着重要的地位。❶

3.3.1　美国

《美国专利法》第 284 条、285 条❷对分别对专利侵权损失赔偿的目的、原则、范围、以及计算方法做出了规定。专利侵权损害赔偿以充分补偿为原则，对权利人所遭受的损失进行赔偿，使权利人的经济地位恢复到

---

❶　美国自 1789 年建国时就将专利制度写入宪法，迄今为止是全世界唯一一个将专利制度写入宪法的国家。

❷　35 U. S. C. 284. 《美国专利法》第 284 条规定：法院在做出有利于请求人的裁决后，应该判给请求人足以补偿所受侵害的赔偿金，无论如何，不得少于许可使用该项发明的合理使用费，以及法院所制定的利息和诉讼费用。在陪审人员无法决定损害赔偿金时，法院应当进行估定。但无论是由陪审人员决定还是由法院估定，法院都可以将损害赔偿金额加到原决定或估定的数额的三倍。

35 U. S. C. 285. 《美国专利法》第 285 条规定：在特殊的案件中，法院也可以判定给胜诉方合理的律师费。

未受侵权行为损害的状态。《美国专利法》第284条中，确立了充分补偿原则（应该判给请求人足以补偿所受侵害的赔偿金），这一原则成为许多判例解释的源泉。但是，法律的规定是原则性的，至于要怎样确定赔偿额才能做到对权利人的充分赔偿，这就需要在司法实践中的具体判例去解决这一问题。

以侵权人的非法获利来确定对权利人的赔偿额，也曾经被写入美国的法律，1870年的美国专利法中就明确规定了以侵权行为人的非法获利作为损害赔偿的计算方法之一，以此来计算应当给予权利人的赔偿额。但是在非法获利制度的发展过程中出现了一个难题，即技术分摊难题，这个问题困扰了美国司法实务界一个多世纪，最终也没有找到可以解决这一难题的方法。出于这个原因，于1946年，美国国会废除了关于非法获利的规定，至此美国专利法只规定了两种损害赔偿的计算方法，即利润损失和合理许可费。

3.3.1.1 利润损失的计算

在美国的司法审判中，对利润损失的计算通常包括以下三个部分：（1）因为侵权行为的存在而使专利产品在市场中的销售量流失，即流失的销售量带来的利润损失。（2）侵权产品的销售量由权利人实现或部分实现时权利人将增加的成本，由于成本的增加而带来相应的利润损失。（3）价格腐蚀利润损失，市场上由于侵权产品的出现，致使权利人对专利产品价格的调整而带来的利润损失。权利人在计算这些损失时，必须证明利润损失与侵权行为之间的因果关系，即因果关系的证明，这是侵权损害赔偿中的重要环节。

1. 因销售量的流失而受到的利润损失

在案件审理中，法院如果要对权利人因销售量的流失而受到的利润损失进行判赔，首先要证明权利人的利润损失是由于侵权产品投放市场而引起的，即证明权利人流失的销售量是侵权产品全部或者部分挤占了权利人的市场份额而导致的，但因果关系的证明恰恰是案件审理中的难点。美国在判例中逐步确立了判定因果关系的标准，如果权利人能够证明以下四个要素，法院即可认定因果关系的存在，并对权利人的损害进行判赔：（1）市场存在对专利产品的需求；（2）市场上没有不侵权的专利产品的替代品；（3）权利人具有满足此市场需求的制造与销售的能力；（4）专利权人应该得到的利润额。这就是美国第六巡回法院在 Panduit Corp. v. Sthlin Bros. Fiber Works, Inc.，❶ 一案中确立的四因素法，被称为 Panduit 要素，已经被运用到许多专利案件的审理中，并且 Panduit 案逐渐被确定为判定因果关系的经典判例。

一是市场上存在对专利产品的需求。美国法院在进行专利侵权损害赔偿案件的审理时，要求专利权人证明在专利侵权期间，市场上存在对专利产品的需求。例如：专利产品或使用专利方法制造的产品在市场上的销售便可以证明此种需求。❷ 大量侵权产品在市场上的销售也是市场需求此种专利产品的证据。❸ 专利产品取得的商业成功是证明此种需求的最佳证据。侵权人侵权产品取得的商业成功，尤其是当侵权人宣传该侵权产品的专利特征时，也是有利的证据。在 Panduit 要素中，这是个相对容易证明的要素，在诉讼中很少有权利人证明不了此要素。

二是市场上没有不侵权的专利产品的替代品。市场上是否存在不侵权的专利产品的替代品是证明因果关系的核心，也是在上 Panduit 要素中最具争议的问题。首先，市场中可以被接受的替代品是指，具有专利产品的主要优点而又不能是侵犯专利权的产品。如果一个替代品具备了专利产品吸引购买者的优点，而不具备该产品的全部优点，则该产品是个可接受的替代品。❹ 此外，可接受的替代品需为非侵权产品。市场上出现的案外人的侵权产品不

---

❶　575 F. 2d 1152, 197 USPQ 726 (6th Cir. 1978).

❷　State Indus. v. Mor – Flo Indus.，883 F. 2d 1573, 1578 – 1579, 2 USPQ 2d 1026, 1030 (Fed. Cir. 1989).

❸　Slimfold mfg. v. kinkead Indus.，923 F. 2d 1453, 1458, 18 USPQ 2d 1842, 1846 (Fed. Cir. 1991).

❹　Polaroid Corp. v. Eastman Kodak Co.，16 USPQ 2d 1481 (D. Mass. 1990). 宝丽莱诉柯达侵犯其"即拍即现相机专利"的诉讼纠纷中，宝丽莱请求利润损害赔偿，而柯达公司拒绝赔偿利润损失，因为，相对于即拍即现产品，传统摄影产品是一种"可接受的非侵权的替代品"。地区法院审理时认为柯达的抗辩不成立。事实上，在侵权发生的时候，即拍即现产品在整个摄影产品市场中占据着独一无二的地位，而且消费者愿意寻求这种立即可以冲印出照片的感性的"即时经历"。因此，满足了 Panduit 第二项要素，应当赔偿利润损失。

是可接受的替代品。其次，可接受的替代品不仅须具备购买者所期望的专利产品的优点，而且在价格上应该与专利产品具有可比性。若一个替代品的价格比专利产品高得多或者其具有的特征与专利产品有重大的区别，则其不是可接受的替代品。可接受的替代品必须是在专利侵权期间消费者可以购买到的产品。❶ 最后，可以被接受的替代品必须是案外第三人的产品，或者是权利人的非专利产品。

三是权利人具有满足此市场需求的制造与销售能力。这条要求如果能获得利润损失的赔偿，其对丧失的销售量必须具备制造及销售的能力。市场对专利产品的需求量是以专利权人的销售量之和来予以衡量的。美国联邦巡回上诉法院（CAFC）认为此要素仅仅与市场对专利产品的需求量以及专利权人满足此种需求的能力有关，而与消费者对侵权人的喜好无关。❷ 美国联邦巡回上诉法院在判定专利权人有无制造及销售能力时是比较灵活的。例如，如果权利人本可以将专利产品分包给他人制造，那么法院将会认定权利人有满足此市场需求的能力。❸ 在另外一则案例中，法院认定权利人本可以扩大其设备规模来满足此要求。❹ 然而，如果专利权人没有生产设施、法院将认定其不具备此能力。若专利权人尚未开始制造其专利产品，便主张其受到的实际损失额远高于合理的许可费数额的，将对此负有较重的举证责任。而在另一起案件中，法院对此要素是使用了非常高的标准。法院不仅考虑专利权人的设施、技术方面的能力，而且评判了其预测及决策能力，最后认定该专利权人的市场预见能力"差"，不具备满足整个市场需求的能力。❺

除了制造能力外，此要素尚需要专利权人需具备相应的营销能力。法院在对营销能力的判定同样是比较灵活的。专利权人较大的销售量以及其在市场上具有的一定知名度，曾被法院认为是证明其具有营销能力的有说

---

❶ Zygo Corp. v. Wyko Corp., 79 F. 3d 1563 (Fed. Cir. 1996).

❷ Datascope Dorp. v. SMEC, Inc., 879 F. 2d 820, 825 (Fed. Cir. 1989), cert. denied, 493 US. 1024, 110 S. Ct. 729, 107 L. Ed. 2d 747 (1990).

❸ Gyromat Corp. v. Champion Spark Plug Co., 735 F. 2d 549 (Fed. Cir. 1989).

❹ Bio–Rad labs., Inc. v. Nicolet Instrument Corp., 739 F. 2d 604, 616 (Fed. Cir. 1984).

❺ Polaroid Corp. v. Eastman Kodak Co., 16 USPQ 2d 1481 (D. Mass. 1990).

服力的证据。❶

四是专利权人应该得到的利润额。此要素与专利权人索赔的利润损失额的计算有关。专利权人若不能证明其利润损失额，将无法获得此赔偿。专利权人必须向法院提供充分证据，来证明因其销售量的丧失而受到的利润损失额的详细计算方法，而且，该利润损失额不能是推测性的。然而，法院对该利润损失额并不苛求全面、精确的依据。当此数额不能精确地计算时，对任何疑点将作出对侵权人不利的解释。❷ 在个案中权利人应当采取以下两个步骤来确定利润损失额：第一，计算其流失的销售量；第二，通过流失的销售量来计算其纯利润损失。❸

2. 增加的成本

在计算专利权人的利润损失额时，侵权人的销售量如果是由专利权人所实现的，那么专利权人应增加的成本将是一个必须考虑的问题，在多数案件中，美国法院认为，将专利权人生产经营中的固定或者经营性成本分摊给这种虚拟增加的销售量（认为销售量的增加，固定成本或者经常性成本也应该增加）是不合适的。在一起案件中，美国联邦巡回上诉法院指出："在计算利润损失额时考虑增加的成本，是专利损害赔偿相关法律确定的一个规则；因此，固定成本，即那些不随产量的上升而变化的成本，如管理人员的工资、财产税和保险费等，在计算利润时是排除在案外的"。依照此种方法，权利人的利润损失就是为实现侵权人的销售量而获得的销售额减去为实现这些销售量而增加的成本之差。因此，单件侵权产品的销售使专利权人丧失的利润比权利人销售自己的单件产品所获得的利润高。

3. 价格腐蚀

价格腐蚀或者价格消减是胜诉的专利权人可获得的另一项赔偿。美国最高法院在 Yale Lock Manufacturing Co. v. Sargent 一案中认为，"权利人受侵权竞争所迫，降低价格而受到的利润损失，应得到合理的赔偿"。价格

---

❶ Gyromat Corp. v. Champion Spark Plus Co., 735 F. 2d 549 (Fed. Cir. 1984).

❷ Del Mar Avionics, inc. v. Simplimatic Engineering Co., 819 F. 2d (Fed. Cir. 1987).

❸ Del Mar Avionics, inc. v. Simplimatic Engineering Co., 819 F. 2d (Fed. Cir. 1987).

腐蚀赔偿与丧失销售量的赔偿依据相同，在许多专利侵权案件中，专利权人同时获得了此两项赔偿。

通过对判例的分析发现，价格腐蚀有三种类型：一是因为侵权产品的出现，权利人为了竞争而被迫地降价；❶ 二是权利人为了相同的原因而进行的打折；❷ 三是由于侵权产品的竞争，导致权利人不能够按照既定的意愿来涨价。❸

权利人为了获得利润损失的赔偿，就必须对此进行举证，证明在侵权行为发生的期间里，市场上如果没有侵权产品的出现，那么权利人将会以更高的价格销售专利产品。但如果权利人不能对这一点进行有力地证明，或者说侵权行为人可以证明即使没有侵权行为的存在，权利人也不可能以更高的价格销售其专利产品，这样权利人就不能够获得因价格腐蚀而损失的利润额。❹ 市场中对于专利产品仅存在两个供应商（专利权人与侵权人）的情况下，由于专利权人和侵权行为人是"死对头"（Head to Head Competitor），由专利权人来证明侵权行为是专利产品降价的唯一原因是比较容易的。但是在某个产品存在多个供应商的情况下，就必须证明侵权行为在多大的市场范围内，对权利人的专利产品造成了影响。❺ 如果权利人的价格腐蚀并不仅仅是因为侵权行为造成的，则权利人因价格腐蚀而造成的利润损失只能获得部分的赔偿。

3.3.1.2 对影响利润损失相关问题的探讨

1. 市场份额理论

计算丧失的销售量有时是非常容易的。对某种产品仅存在两个供货商

---

❶ Lam, Inc. v. Johns – manville Corp. , 718 F. 2d 1056, 1069（Fed. Cir. 1983）.

❷ TWM Mfg. Co. v. Dura Corp. , 789 F. 2d 895（Fed. Cir. 1985）.

❸ Minnesota Mining & Mfg. Co. v. Johnson & Orthopaedics, Inc. , 976 F. 2d 1559, 1579（Fed. Cir. 1985）. 在此案件中，专利权人 3M 公司主张在侵权期间为应对物价上涨，其本欲涨价 4 个百分点；而侵权人 J&JO 公司则称专利权人根本不可能涨价，因为在相关市场上物价并未上涨。特别评定官则在权利人的 4% 的物价上涨率与侵权人的 0% 的物价上涨率中进行了选择，认定由于侵权的发生，使权利人被迫放弃每年涨价 2% 的方案，此认定为法院所支持。

❹ BIC Leisure prods. , Inc. v. Windsurfing Int'l. , 1 F. 3d 1214（Fed. Cir. 1993）.

❺ Boesch v. Graff, 133 U. S. 697, 706, 10 S. Ct. 378, 33 L. Ed. 787（1890）.

的市场条件下（Two – supplier Market），推定没有侵权行为，侵权人的销售量将由权利人来实现是合理的。在此情况下，因销售量的流失而受到的利润损失将为侵权人的销售量与在侵权发生前专利权人自己单件产品的利润率之积。但是，在存在多个供货商的市场条件下（Multiple – supplier Market），计算流失的销售量以及受到的利润损失将是有难度的。这就要引入美国司法判例中形成的市场份额理论，该理论认为，即使市场上存在非侵权的替代品，如果权利人能够证明在一定的市场份额中是没有专利产品的非侵权的替代品，并且权利人能够证明 Panduit 要素中的其他三个要素，权利人就可以依据此市场份额来确定侵权行为使其流失的销售量，并计算因此而受到的利润损失。[1] 这是在美国司法实践发展中为了解决因果关系证明标准过高的问题，而逐步对 Panduit 要素法进行比较宽松的解释。

2. 全部市场价值规则

如果涉案专利仅是一个产品的改进专利，或者专利产品包括多个特征，但仅有数个或者一个特征受到专利保护，那么，在计算权利人的利润损失时是否应该将该利润在该产品的专利部件与非专利部件间进行分割呢？在 Del mar Avionics, Inc. v. Quinton Instrument Co. 一案中，[2] 联邦上诉法院认为，如果专利权人能够证明其可合理地预测专利部件将与非专利部件一同销售，则其可按照"全部市场价值规则"来计算其利润范围。对于包含几个特征但其专利特征为消费者购买驱动力的产品，"全部市场价值规则"允许专利权人依照整个产品的价值来计算损失额。[3] 在 Rite – Hite Corp. v. Kelly Co. 一案中，Lourie 法官进一步指出，所有能算入利润范围的部件，"在整体上必须如同一装置的组成部件，或者是构成一个完整机器的一部分，或者他们在功能上构成统一体"。依据"全部市场价值规

❶ State Indus. v. Mor – Flo Indus., 883 F. 2d 1573, 1578 – 1579, 2 USPQ 2d 1026, 1030 (Fed. Cir. 1989). 在该案件中，一审法院认定专利权人与侵权人之外的其他竞争对手在相关产品市场上进行竞争，该专利产品的市场占有率为 40%，故法院认定假如没有侵权行为，侵权人的销售量的 40% 应该由专利权人来实现，并据此来计算专利权人因该销售量的流失而受到的利润损失。

❷ 836 F. 2d 1320, 1327 (Fed. Cir. 1987).

❸ State Industries, Inc. v. Mor – Flo Industries, Inc., 883 F. 2d 1573, 1580.

则"，专利权人不仅对专利产品而且能够对非专利产品丧失的销售量而受到的利润损失获得赔偿，如果该非专利产品是与专利产品相竞争的产品，或者与专利产品相配套使用的产品。❶ 而且，依据该规则，专利权人有权对非专利附属品、消耗品的利润损失获得赔偿，如其能证明这些物品将是与专利产品一起销售的，❷ 或者若侵权人不销售上述物品，将存在由专利权人实现该物品销售的合理可能性。

3.3.1.3 合理的许可使用费

如果利润损失不能计算出侵权损害赔偿额，《美国专利法》规定，可以以涉案专利的许可使用费来确定赔偿额。美国法是通过以下四种方法来确定合理的许可使用费的：（1）固定的许可费。（2）惯例。（3）虚拟自愿协商法。（4）分析法。

1. 固定的许可费

固定的许可使用费，是指经由自由协商而达成的、由若干被许可人支付的、统一的许可费。在法院审理案件时，能够被法院认可的固定许可费必须是：一是在侵权行为发生之前就已确定并支付的许可费；二是已经有一定数量的许可费支付行为存在；三是在这若干个已支付的许可费中，被许可的地点必须具有一致性；四是被许可的权利与专利权一定要有可比性。

2. 惯例

在美国，某些行业内会有许可使用费的惯例，法院在审理案件时就可以依据该惯例来确定许可使用费。当然，不同的行业、不同的专利类别许可使用费的管理也应当是不同的，用这一方法确定许可使用费是非常简便

❶ Rite-hite Corp. v. lelly Co., 56 F. 3d 1538 (Fed. Cir. 1985). 在 Rite-Hite 案中，联邦巡回上诉法院驳回了原告要求恢复与专利产品一同销售的产品（陪护产品）的利润损失，并认为，依据全部市场价值规则，不应当获得赔偿。在此案中，陪护产品实际上是一种独立的产品。虽然为了方便销售，通常与专利产品一起捆绑销售，但并不表明陪护产品与专利产品一起发挥作用或者说与专利产品构成一个集合。

❷ King Instrument Corp. v. Ontari Corp., 767 F. 2d 853, 26 USPQ 402 (Fed. Cir. 1985).

易行的，当然惯例法也存在一定的弊端，其不能够准确地把握个案的差别。

3. 虚拟自愿协商法

这一方法是假定侵权行为没有发生，当事人双方在平等自愿的基础上就专利许可费进行协商，并最终达成一个协议。

这个方法在逻辑上是不成立的，在侵权行为已经确定发生的情况下而假定没有发生，并要求当事人在"自愿平等"的基础必须上达成一个协议。采用这种方式达成的许可费通常会高于在侵权行为发生之前达成的协议，并不能完全体现专利的市场价值。但是，有学者认为这恰恰能够达到对专利权人损失的充分赔偿，很好地贯彻了美国专利法确定的对损害赔偿进行充分赔偿的原则。美国的司法实务界在长期的发展中，以判例的方式确立了在采用虚拟自愿协商法时需要考虑的十五个要素，即在 Georgia - Pacific Corp. v. United State Plywood Corp. 一案中确定的 Georgia 十五要素。❶

有专家将 Georgia 十五要素分为两类：第一类是与相关产业特定的一般市场条件有关，包括该专利以往及现在的许可情况、行业惯例及类似

---

❶ Georgia 十五要素：1. 专利权人已经接受了的专利许可费，用以证明或试图证明已确立许可费；2. 与涉案专利权相类似的其他专利技术的许可费；3. 专利许可的性质和范围，确定许可证是独占的或非独占的以及决定是否限定销售区域；4. 许可人在维护其专利垄断权方面的既定政策及市场策略，如不许他人实施其专利或者在许可中附加特殊条件，以维护其垄断权；5. 与被许可人的商业关系，比如他们是否为同一地区、同一商业链条上的竞争者，抑或他们分别是技术的开发者与推广者；6. 许可人因销售专利产品而对促进自身其他产品销售所产生的影响、该项专利技术带动专利权人销售其他非专利产品的既有价值，以及这种衍生销售或者陪护销售的程度；7. 专利权的有效期及许可期限；8. 已有专利产品的获利程度；商业成功情况以及目前的市场认可程度；9. 如果存在能够带来与专利类似效果的旧的方法和设备，则专利与其相比所具有的实用性及优越性；10. 发明创造的性质；专利许可方对其拥有的和生产的专利商品的特征以及给使用这项专利技术的人所带来的利益；11. 有关侵权人在多大程度上使用了专利技术，以及使用后所带来的可证实的利益；12. 在特定行业或相关行业内，实施该发明或者类似发明所带来的利润占整个利润或销售价格中的行业性比例；13. 在可实现利润中，与由非专利因素、制造方法、商业风险、或侵权人附加的重要特征和改进所产生的利益相区分，应当归因于专利技术的部分；14. 合格专家的证言；15. 侵权开始时，许可人（如专利权人）和被许可人（如侵权人）双方理性地自愿地通过协议达成的许可使用费，即为一个谨慎的被许可人，作为其商业计划，为了取得制造以及销售包含发明专利的特定产品的许可，在可获得合理利润之情况下自愿支付的，且可为一个谨慎地专利权人自愿接受的许可数额。

专利的许可情况、专利权人的许可政策以及双方的关系；第二类是与专利产品或方法可获得的预期利润率有关，包括侵权人的预期获利、该专利与非专利产品或方法具有的实用性及不侵权的替代物的情况、附带产品的销售及获利、该专利的改进以及利润分割的情况、该专利在商业上取得的成功以及专利的有效期。从某种意义上讲，第一类要素决定了一个可行的许可费的范围，在该范围内，第一类要素将决定双方可确定的许可费数额。

4. 分析法

使用分析法来确定合理许可费的步骤如下：

（1）确定侵权人侵权产品的销售利润；

（2）销售利润减去侵权人的管理费用便得出其营业利润；

（3）侵权人的营业利润减去该行业一般经营利润，即为该专利合理的许可费。

例如，侵权人侵权产品的销售利润为45%，其管理费为15%，而该行业内不使用原告知识产权的一般经营利润为15%，则案涉知识产权的合理许可费为：

销售收入×（45%–15%–15%），即侵权人销售收入的15%。采用这种计算方法时会存在两个问题：第一，确定行业内一般经营利润会遇到困难；第二，在侵权产品的经营利润低于行业一般利润时，将无法计算许可使用费。

3.3.2 英国

《英国专利法》第61条确定了权利人的利润损失和侵权人的非法获利两种计算侵权赔偿额的方法，许可使用费这种计算方法并没有在法律中规定出来，而是在判例中确定的。

3.3.2.1 权利人的利润损失

《英国专利法》第 61 条❶规定了利润损失和侵权人的非法获利两种计算侵权损害赔偿额的计算方法，并且该条还赋予了当事人一定的选择权，权利人可以从方便诉讼或者获得更大赔偿额的角度出发，择其一而适用。当然，法院在同一案件中不可能判决同时给予权利人这两种赔偿。

在英国，所失利润是最常用也是比较发达的计算方法，法院在审理案件时如果判定侵权行为成立，那就要根据具体的案件来计算权利人的利润损失。当然，利润的损失在具体不同的案例中有所区别，根据英国以往专利侵权损害赔偿的判例，可以总结出权利人的损失具体包括，权利人产品销售量下降而带来的利润损失、价格腐蚀的利润损失、专利权人的商誉和名誉损失、权利人为制止侵权行为而支付的合理费用、陪护销售产品或专利的利润损失等。

在 Gerber Garment Technology v. Lectra Systems Limited 案中，❷ 法院支持了 Gerber 大部分的诉讼请求。法院认为损害赔偿的目的是对权利人因侵权行为遭受到的损害进行赔偿，并且要恢复到侵权行为未发生时的状态。如果权利人的专利权确因侵权人的侵权行为而受到侵害，那权利人就有权要求侵权人赔偿其损失，该损失应当包括因侵权产品的影响而导致销售量的下降带来的利润损失、因价格腐蚀而带来的利润损失、权利人为制止侵权行为而支付的合理费用。从 Gerber 案中可以看出，法院基于此案中侵权行为带来的商业影响而扩大了利润损失赔偿的范围，将权利人的利润损失

---

❶ The U. K. Patent Act 1997, Section61 (1).

❷ 在 Gerber Garment Technology v. Lectra Systems Limited 案中，被告 Lectra 销售的纺织品自动裁剪机（CAM）侵犯了原告 Gerber 的专利，除了专利权权利要求范围内的 CAM 的利润损失外，Gerber 还试图获得因为 Lectra 的机器销售而造成的利润损失，可以与 CAM 一起出售的电脑辅助设计机器（CAD）的利润损失，除此之外，还包括机器备用配件的利润损失，机器维修的利润损失，由于与 Lectra 竞争的需要而被迫降价所带来的销售额上的损失，在专利到期后销售但是在专利到期前达成协议的机器的利润损失，下属公司销售上的利润损失，以及因为 Lectra 通过英国运送到爱尔兰所销售的机器造成的合理特许使用费的损失。

延伸至陪护销售和跳板销售的产品上。❶

3.3.2.2 侵权人的非法获利

在英国的专利立法史中，权利人要求按照侵权人的非法获利来计算侵权损害赔偿额起源很早，但是在 1919 年被废除，而在 1949 年又重新写入了专利法中，可谓经历了一段非常曲折的发展过程。在司法实践中，利润损失是比较发达并且经常被采用的计算方法，而侵权人的非法获利在实务中很少被采用。法院之所以不以非法获利来计算损害赔偿额，首先，在个案中要判断侵权人的非法获利是很困难的。其次，在具体的案件中权利人的实际损失通常要大于侵权人的非法获利。尤其在英国法院将权利人的利润损失扩大之后，出于对权利人的损失全部赔偿的原则，侵权人的非法获利不利于权利人，当然这也是存在例外情况的，如侵权发生时，权利人的专利产品还没有进入到市场中，此种情况下，权利人的非法获利是大于权利人的损失的。

英国法院在审理专利侵权损害赔偿案件时，还要考虑技术分摊问题。❷ 在计算非法获利时，要将侵权专利贡献的那部分利润额从整个产品的利润额中分离出来。在具体操作时，法院会采用会计学的计算方法确定一个合理的数额。法院在计算侵权人的非法获利时，要扣除研发成本、投资成本、制造和销售成本等由侵权人负担的固定成本和可变成本，也就是要按照侵权人实际获得的利润计算非法获利，而不采用边际利润法。❸

---

❶ 陪护销售——失去的销售也包括专利产品的辅助设备或配件；跳板销售——在专利权期限届满前侵权人先占头筹所带来的利润损失。

❷ 例如 1998 年英国 Celanese International Corporation. v. BP Chemicals Limited 的案例中，原告选择以侵权人的非法获利计算自己的利润损失，损失总计约 1.8 亿万英镑，而被告声称诉争专利没有价值，也就不会带来利润。结果，双方没能达成和解，无法阻止最后判决的公布，认定处于争议中的这一专利贡献出的利润仅为 37.5 万英镑。

❸ 边际利润指产品的销售收入与相应的变动成本之间的差额。边际利润是反映增加产品的销售量能为企业增加的收益。销售单价扣除边际成本即为边际利润，边际利润是指增加单位产量所增加的利润。

3.3.2.3 合理的许可使用费

合理许可使用费这一计算方式并没有在英国的专利法中予以规定，而是在司法实践中逐步确立起来的。合理的许可使用费的确定通常有以下两种方法：第一，如果专利权人在侵权行为发生之前曾许可他人使用涉案专利，那么许可使用费就按照已经存在的数额确定。第二，如果专利权人之前并没有许可他人适用涉案专利，那也就是不存在已经确定的许可使用费，在这种情况下，法院就要按照"合理的许可使用费"（reasonable royalty）来计算，即法院就要虚拟一个潜在的被许可人进入市场时所愿意支付的许可费，类似于美国法中的虚拟自愿协商法。❶

3.3.3 日本

日本于 1959 年将非法获利写入了《日本专利法》第 102 条第 2 款中，于 1998 年将所失利润写入了《日本专利法》第 102 条第 1 款中，这是日本专利法在发展过程中对其他国家判例中所确立的良好的规则作出的借鉴。时至今日，日本专利法所规定的计算专利侵权损害赔偿额的方法有四种，分别为所失利润、非法获利、许可费相当额以及法定赔偿。

3.3.3.1 所失利益的计算

日本没有将所失利益写入专利法时，日本法院对于专利侵权损害赔偿额的计算是适用民法中关于损害赔偿额的一般规定的。❷对权利人的赔偿要达到权利未受到侵权行为侵害前应当获得的利益，即所失利益，其包括专利产品销售额的减少、销售价格的减少、实施费收入的削减等。在计算专利产品因侵权行为而损失的销售额时，通常是将专利产品销售量的减少乘以单位产品的利润额。这种计算方法就要求权利人对产品销售量的下降与侵权行为之间的因果关系进行举证，在因果关系的证明非常困难的情况

---

❶ Catnic Components v. Hill & Smith Ltd., [1983] F. S. R. 512.

❷ 《日本民法》第 709 条规定：因故意或过失侵害他人权利者，负损害赔偿责任。

下，推定侵权人非法获利等同于权利人的利润损失，由此确定损害赔偿额。这种推定在市场极为单纯且存在因果关系真实的情况下是成立的，但是如果市场构造非常复杂，权利人运用这种推定将会有被法院驳回的风险。因此，日本专利法基于以上考虑，在借鉴其他国家判例规则的情况下，于 1998 年将所失利润写入日本专利法。❶

从该条规定中我们可以看出，如果权利人要主张以侵权产品的销售量乘以侵权行为未发生时单位产品的利润额作为侵权赔偿数额时，权利人必须首先要证明其自身具有满足市场销售的能力或者部分能力，如果权利人不具有此项能力，那么就不能主张以此来计算侵权赔偿额。我们还可以看出，该条款其实已经改变了民法中对于因果关系的传统的认定方法，权利人只需要证明其有能力满足市场需求或者部分需求即可，而不需要去证明侵权人的侵权行为与专利产品销售额的下降之间的因果关系，此项规定大大降低了权利人的举证责任。

3.3.3.2　侵权人非法获利的计算

日本于 1959 年将非法获利写入其专利法中。❷ 日本立法将侵权人的非法获利推定为权利人所遭受的损害额。在司法审判实务中，只有在专利权人已经实施该涉案专利的情况下，法院才可以使用侵权人的非法获利来确定损害赔偿额。如果侵权人能够证明权利人并没有实施涉案专利，❸ 就可

---

❶ 《日本专利法》于平成十年（1998 年）增订第 102 条第 1 款规定：专利权人或独占实施权人，对于故意或过失侵犯其专利权或独占实施权者请求损害赔偿时，于侵权人已销售构成专利侵权物品之场合，得以其销售数量，乘上专利权人或独占实施权人于侵权未发生时所得销售该物品每单位数量之利益额，在未逾专利权人或独占实施权人实施能力的范围内，以该乘积作为其损害额。但当专利权人或独占实施权人有不能销售该数量的全部或一部分之情事时，应扣除其不能部分之数额。

❷ 《日本专利法》第 102 条第 2 款规定：专利权人或独占实施权人，对于因故意或过失侵犯其专利权或独占实施权之人请求损害赔偿时，如果侵权人因侵权行为而受有利益，则其利益额可推定为专利权人或独占实施权人所遭受的损害额。

❸ 在司法审判实务中，只要侵权人能够证明权利人自己没有实施、专利权人的损害未达到其所得利益、专利权人的营业能力远低于侵权人的营业能力、有其他竞争产品存在、有非独占实施权人存在、有其他侵权产品存在，以及侵权人与专利权人的营业活动地域不同等任一情形时，就可以推翻第 102 条第 2 款的推定。

以推翻该推定，权利人也就不能获得非法获利的赔偿。

该条规定在计算侵权人的非法获利时还存在一个问题，那就是究竟是要计算出侵权人的毛利润（gross profit）❶ 还是要进一步计算出侵权人的纯利润（net profit）❷。这个问题在日本学术界一直存在很大的争议。尽管有如此之大的争议，但是法院在实务审判中还是以纯利润为准。❸ 虽然纯利润在司法实践中运用如此的广泛，但是近几年来对于司法实践这种做法的质疑也越来越多，这是因为净利润的计算要涉及侵权人的内部资料，而权利人无从获得这些资料，所以这种做法又加重了权利人的举证责任。再者，采用纯利润计算出来的赔偿额肯定是偏低的，这是否能充分补偿权利人的损失也受到质疑。正是基于以上原因，法律界又出现了一种新的解释，即将非法获利解释为侵权人的边际利润，❹ 在计算非法利润时除了扣除侵权人的成本，额外的人力成本也可以扣除，但机器的折旧费不可以扣除。

3.3.3.3　许可使用费相当额的计算

在日本的专利法中，以许可使用费来计算侵权损害赔偿额的规定早就存在，但在 1998 年日本对专利法进行了修改，此次修改删除了原文中"得以相当于实施该发明通常应获得钱款数额请求赔偿"中的"通常"这两个字。至此形成了第 102 条第 3 款的规定。❺ 在未删除"通常"两字时，法院在审理专利侵权案时不会根据具体个案的特殊性而衡量损害赔偿额，

---

❶ 毛利润＝销售价格－原料进价－人工费。

❷ 纯利润＝是指在利润总额中按规定交纳了所得税以后公司的利润留存，一般也称为税后利润或净收入。净利润的计算公式为：净利润＝利润总额－所得税费用。

❸ 在东京高等法院平成十四年第 4448 号判决书中，以侵权人利益推定为专利权人损害额，被告通常实施利益推定 9601824 元，同种制品制造销量利益率为 20%，据此计算出侵权人非法获利 84487024 元。

❹ 边际利润指产品的销售收入与相应的变动成本之间的差额。边际利润是反映增加产品的销售量能为企业增加的收益。销售单价扣除边际成本即为边际利润，边际利润是指增加单位产量所增加的利润。

❺ 《日本专利法》第 102 条第 3 款规定：专利权人或独占实施权人，对于因故意或过失侵犯其专利权或独占实施权之人请求损害赔偿时，得以与实施该专利所应得的实施费相当的金额，作为自己的损害额而请求赔偿。

而是判定赔偿通常应当给予的许可使用费。从日本对此条规定的变动可以看出，日本立法者是想要引导法官在具体个案的审理过程中对案件的特殊性进行衡量，考虑影响许可使用费变动的多种因素，从而确定出一个合理许可使用费，通过这种方式确定出来的赔偿额会更加符合个案的具体情况。

在日本的司法实务中，有三种方法可以为法院确定许可使用费时使用：一是在已经存在许可使用费率的情况下，法院依照已经存在的许可使用费率确定赔偿额。这种做法与美国、英国的做法是相同的，也就是说权利人在侵权行为发生之前已经许可他人使用专利的，按照该许可合同中的许可使用费来确定赔偿额，当然，法院在这个过程中还要具体考虑已存在的许可费与侵权行为间的差异，做适当的调整。二是如果确实不存在可以参照的授权费率，可以依据一般业界的行业标准或者习惯，在考量个案中以及涉案专利的特殊情况后确定。三是按照日本国有专利的授权费率来确定许可使用费，通常其授权费率为 2%、3%、4% 三种标准。

3.3.3.4 法定赔偿的计算

日本在 1999 年修法时，将法定赔偿写入到了《日本专利法》第 105 条第 3 款中。❶《日本专利法》第 102 条中规定了所失利润、非法获利、许可使用费相当额这三种计算赔偿额的方法。但在这些计算方法中权利人要证明其中的一些事实还是比较困难的，也就是说在这三种计算方法中，权利人的举证责任很重，这势必会影响到权利人的损失是否能得到赔偿或充分的赔偿。因此，为了进一步保障权利人得到赔偿的权利，日本专利法规定了法定赔偿，以此来减轻权利人的举证责任。

通过对法定赔偿条款的分析，我们发现日本对侵权损害赔偿额的计算方法也是有适用顺序要求的，法定赔偿额就被放在最后顺位。但是，与其他国家不同的是，日本的法定赔偿并没有规定在第 102 条中与其他的三种

---

❶ 《日本专利法》第 105 条第 3 款规定：在专利权侵权诉讼中，已认定损害确有发生的情况下，若证明损害额的必要事实在性质上难以举证，法院可基于口头辩论全部要旨及调查证据结果，认定相当的损害赔偿额。此规定实际是参照《日本民事诉讼法》第 248 条规定而来。

计算方式并列规定，而是单独列在了第 105 条中。美国与英国都没有法定赔偿额的规定，将日本的法定赔偿额与我国的法定赔偿制度相比较可以发现以下两点不同：一是日本对法定赔偿的限额没有做出规定。二是日本的法定赔偿是在损害确有发生，但因为在计算赔偿额时由于举证困难的问题难以准确计算出赔偿额时方可适用的，法院可以根据双方当事人的口头辩论及调查的证据结果，以自由心证认定赔偿数额，它赋予法官一定的自由裁量权。

第4章

我国专利侵权损害赔偿制度研究

我们对美国、英国以及日本的专利侵权损害赔偿制度以及其计算方法有了一个基本的认识，各国法律对专利侵权损害赔偿的立法规定与司法实务都不尽相同。美国立法及司法实践中的做法较为完善，是因为美国的专利诉讼经历了两百多年的发展，立法规定已经相当完备，并且美国的知识产权评估公司也有一定的发展规模，这使得美国在专利侵权损害赔偿的计算上已经达到了一个相当精确的水平。我们通过对美国、英国以及日本的损害赔偿制度和中国侵权损害赔偿制度的对比，以实证研究的方式直观地分析美国损害赔偿的计算方式，从中找出我国可以借鉴的经验及做法，完善我国专利侵权损害赔偿制度。

4.1 我国与国外专利侵权损害赔偿的比较

4.1.1 利润损失

4.1.1.1 因果关系证明标准的降低

对我国司法实务中四种损害赔偿方式的统计，可以看到法院很少使用利润损失作为确定赔偿额的方式。这是因为在具体案件中，权利人很难证明损失与侵权行为之间的关系，也就是说法院对因果关系的证明标准要求很高。在美国，判定因果关系的 Panduit 规则最早提出来时，证明全部的四个要素是很困难的。所以在随后的判例发展中，法院又引入了市场份额理论，对 Panduit 规则做出了较为宽松的解释，从而降低因果关系证明标准，最终减轻权利人的举证责任。日本的做法与美国类似，首先，证明专利产品在市场上的占有率及有无非侵权的替代品；其次，假定没有侵权行为的存在，市场上也没有侵权商品，那么对侵权产品的市场需求是否会转向于专利产品，从而由专利产品实现侵权产品的那部分销售额；最后，在证明有转向可能的情况下，还要看专利权人有没有满足这种需求的能力。通过以上三个步骤来确定因果关系的存在。

4.1.1.2 利润损失中的价格腐蚀

我国的专利法在规定以专利权人的实际损失来确定赔偿额时，只规定因侵权产品的出现而导致专利产品销售量的下降，因此销售量的下降而带来的利润损失，把权利人的实际损失与利润损失等同起来。而美国与英国在确定权利人的利润损失时都将价格腐蚀的损失包括在其中，虽然具体的计算方式会有所不同，但是都对权利人在受到侵权行为侵害时，为了维护其在市场上的地位，对因为调整价格而受到的损失予以肯定。英国在 American Braided Wire Co. v. Thomson. ❶一案中确立了价格腐蚀理论，法院计算专利权人所失利润为：专利权人实际销量 ×（专利权人原本价格 – 专利权人降价后价格）+侵权人实际销量 ×（专利权人原来价格 – 专利权人成本）。

4.1.2 非法获利

在我国，相较于权利人的实际损失，专利权人更倾向于使用侵权人的非法获利来确定赔偿额，而且法院也比较认可这种计算方式。这是因为相较于实际损失，法律规定的举证责任对侵权人更为有利一些。我国在计算非法获利时没有采用边际利润，但适当地考虑了技术分摊问题。美国的做

❶ American Braided Wire Co. v. Thomson, (1890) 7R. P. C. 152.

法在众多国家中显得更为特别，美国国会于 1946 年的《美国专利法》中废除了非法获利的计算方法。那么美国究竟是基于什么样的原因而取消这一规定呢？对美国的判例进行一定的分析后，发现美国之所以废除非法获利的规定是基于实践中存在的技术分摊难题，所以美国国会为了避免这一难题而将它从法律中废除。非法获利在英国的立法史上经历了被废除又被重新写入的复杂过程。虽然非法获利被重新写入英国专利法，但是英国法律赋予了权利人一定的选择权，所以在司法实务中权利人并不倾向于选择非法获利来确定赔偿额。英国明确规定不可以用边际利润来计算非法获利，并且一定要考虑技术分摊难题。日本一向以侵权人的非法获利作为侵权损害赔偿的计算方法，并且近几年，在学界及实务界中使用边际利润法来计算侵权人的非法获利成为主流的观点。

4.1.3　许可使用费

在我国，以许可使用费的倍数来确定专利侵权损害赔偿额必须满足一个前提，那就是存在可供参照的已经确定的合理的许可使用费。如果不存在这样一个许可费，那就无法适用此条规定。美国、日本、英国等国家的立法中都规定了以许可使用费的方式来确定侵权损害赔偿数额，但各个国家的法律规定以及在司法实务中的做法不尽相同。美国在适用许可使用费来计算损害赔偿额时有固定的许可费、惯例、虚拟协商法及分析法四种方法。英国法院在确定许可使用费时也考虑了相关的因素，只不过并不像美国在虚拟价格协商法中确立的 Georgia 十五要素那么完备。由于英国并不像美国那样推崇知识产权评估，所以更多的是采用类比参照许可费的方法来确定赔偿额。日本司法上首先采用涉诉专利已经确定的许可费，如果没有确定的许可费那就参照行业内的一般标准来确立，并且一定要考虑到个案的差异性。

4.1.4　法定赔偿

美国与英国的专利法中都没有法定赔偿的规定。日本在 1999 年修法

时，将法定赔偿写入专利法中。❶

4.2 美国专利损害赔偿利润损失计算方法的实证研究

原告 A 公司于 2005 年获得了名称为"四季恒温鞋"的发明专利。A 公司于 2006 年开始生产该专利产品，并在当年销售了 75000 双，销售额为 7500000 元；2007 年销售了 200000 双，销售额为 19000000 元。被告 B 公司也于 2006 年生产被控侵权产品，该年度生产 100000 双，销售额为 11000000 元；2007 年生产了 175000 双，销售额为 18400000 元。A 公司现在的年生产能力为 250000 双。在 2006 年，若 A 公司增加100000双鞋的生产销售量，其必须额外购买一套制鞋及包装设备，共需消耗 1200000 元，A 公司当时具备这笔资金。案外人 C 公司于 2007 年开始生产产品功能、效果及销售价格与原告专利产品相近似的产品，该产品亦获得了专利权。C 公司在 2007 年生产销售了 100000 双自己的专利产品。A 公司认为 C 公司的产品不构成对自己专利权的侵犯。A 公司主张其可以保持恒温鞋产品的市场份额。A 公司在 2006 年及 2007 年度生产该专利产品的损益见表 4：

表4　A 公司在 2006 年及 2007 年生产该专利产品的损益　　　单位：元

	2006 年	2007 年
销售额	7500000	19000000
销售量	75000	200000
销售单价	100	95
制造成本	3000000	76000000
包装成本	150000	400000

---

❶ 《日本专利法》第 105 条第 3 款规定在专利侵权诉讼中，已认定损害确有发生的情况下，若证明损害额的必要事实在性质上难以举证，法院可基于口头辩论全部要旨及调查证据结果，认定相当的损害赔偿额。

续表

	2006 年	2007 年
总生产成本	3150000	8000000
销售利润	4350000	11000000
销售利润率	58%	58%
工资成本	1000000	1350000
租金成本	700000	780000
广告宣传	500000	1000000
产品责任保险	40000	90000
呆账费用	100000	230000
其他经营成本	195000	240000
总经营成本	2535000	3690000
经营利润	1815000	7310000
经营利润率	24%	38%
税率（40%）	726000	2924000
净利润	1089000	4386000
净利润率	15%	23%

问题：若法院已认定被告的行为构成侵权，本案原告 A 公司是否有权获得因销售量的流失而受到的利润损失，若其有权获得，该损失应如何计算？

分析：首先，在此案件中，原告如果要获得因销售额的流失而受到的利润损失赔偿，其必须证明 Panduit 四要素。❶ 在此案中，原被告对于专利产品的销售，均可证明要素一。在 2006 年，只有原被告销售该专利产品，并且假设市场无其他人生产、销售类似产品，则可认定在该年度内市场上

---

❶ Panduit 四要素：（a）市场存在对专利产品的需求；（b）市场上没有不侵权的、专利产品的替代品；（c）权利人具有满足此市场需求的制造与销售的能力；（d）专利权人应该得到的利润额。

没有不侵权、专利产品的替代品。在 2007 年，因案外第三人 C 公司的产品与原告的专利产品在功能、价格上相近似，且是不侵权的产品，故为可接受的替代品。在此就要运用市场份额理论，在 2007 年市场上对该产品的总需求量为：

$$200000 + 175000 + 100000 = 475000 \text{（双）}$$

若没有被告的侵权行为，市场上的实际供应量为：

$$200000 + 100000 = 300000 \text{（双）}$$

原告的产品市场份额将为 $200000 \div 300000$，即 2/3。因此可以认定，在被告于 2007 年生产的 175000 双鞋的 2/3，即 116667 双无不侵权的替代物。对于第三个要素，在 2006 年，市场上对该产品的需求为原告销售的 75000 双与被告销售的 100000 双之和，则可证明原告具有市场需求的制造及销售能力；在 2007 年，原告自己的销售量为 200000 双，除此之外，市场尚存在对其产品的需求，即为被告所销售的 175000 双鞋的 2/3，即 116667 双，这样市场上对原告产品的总需求量为 316667 双。假定原告在 2007 年仅对额外市场需求 116667 双鞋中的 50000 双具有制造及销售能力。推定原告可以证明第四个要素，即其应得的利润额。

其次，原告因销售量的流失而受到的利润损失的计算。假如流失的销售量为原告所实现，那么增加的销售额与增加的成本之差，就应为原告新增加的利润。因此，若计算原告的利润损失额，则应查明原告应增加的销售额及其应增加的成本。

（1）增加的销售额。原告流失的销售量与其单件产品应有价格之积，即为增加的销售额。在本案中，原告在 2006 年流失的销售量为 100000 双，假定这批产品的单价同原告在该年度已销售的产品的价格，即每双 100 元，则原告在该年度应增加的销售额为：

$$100000 \times 100 = 10000000 \text{（元）}$$

原告在 2007 年流失的销售量为 50000 双，假定这批产品的单价同原告在该年度已销售的产品的价格，即每双 95 元，则原告在该年度应增加的销售额为：

$$50000 \times 95 = 4750000 \text{（元）}$$

那么，原告在 2006 年度、2007 年度总计应增加的销售额为：

$$10000000 + 4750000 = 14750000（元）$$

（2）增加的成本。增加的成本是指原告若实现其增加的销售量将必须另外支付的成本。结合原告在 2006 年度及 2007 年度有关其专利产品的损益表，可以认定若原告实现其增加的销售额，以下成本将增加：制造成本、包装成本、广告宣传成本、产品责任保险、呆账支出。其他成本如工资、租金及其他的经营成本将有所变化，但这仅仅为可变成本，而不是应增加成本。同样假定在 2006 年及 2007 年度，原告应增加的销售量中单件产品的制造成本、包装成本、广告宣传成本及呆账支出，同各个对应年度中由原告实际销售的单件产品的对应成本，则原告在 2006 年度应增加的成本见表 5。

表 5　原告在 2006 年度应增加的成本　　　　　　　　　单位：元

	原告在 2006 年的销售量	原告在 2006 年流失的销售量
销售量	75000	100000
制造成本	3000000	4000000（注 1）
包装成本	150000	200000（注 2）
广告宣传	500000	666667（注 3）
产品责任保险	40000	53333（注 4）
呆账费用	100000	133333（注 5）
增加成本之和	—	5053333

注 1：（3000000÷75000）×100000＝4000000

注 2：（150000÷75000）×100000＝200000

注 3：（500000÷75000）×100000＝666667

注 4：（40000÷75000）×100000＝53333

注 5：（100000÷75000）×100000＝133333

如果原告实现这 100000 双鞋的销售量，其必须再购买一套制鞋及包装设备，需耗资 1200000 元。假定原告已购买了这些设备，且假定这些设备的年贬值率为 10%，自侵权之日至判决之日的时间为 2 年，则该设备贬值亦为原告新增成本，该数额为：

$$1200000 \times 10\% + 400000 \times (1 - 10\%) = 480000 \text{（元）}$$

那么，原告在 2006 年度新增加成本之和为：

$$5053333 + 480000 = 5533333 \text{（元）}$$

同理可以算出原告在 2007 年新增加的成本之和为：729100（元）

原告在 2006 年及 2007 年增加的成本之和为：

$$5533333 + 729100 = 6262433 \text{（元）}$$

（3）原告在 2006 年及 2007 年度应增加销售额与其在此两年度应增加成本之差，即为原告因销售量之流失而受到的利润损失，该数额为：

$$14750000 - 6262433 = 8487567 \text{（元）}$$

从此案中我们可以看出美国在计算利润损失时的方法以及在计算时考虑到的因素，这些方法都是可以为我国实践借鉴的：第一，运用 Panduit 要素证明因果关系的存在，权利人要想获得因销售量的流失而遭受到的损失就必须要证明其损失与侵权行为间的因果关系。第二，运用市场份额法确定一定市场上对专利产品的需求，在市场上存在多个供货商的情况下，如果权利人可以证明在一定的市场份额上不存在非侵权的替代品，就可以运用市场份额法，其便可据该市场份额来确定侵权行为使其丧失的销售量。第三，增加的成本，原告如果要实现其增加的销售量将必须另外支付的成本，扣除的成本应当是固定成本而不是可变成本。以上这些计算方法都是可以为我国立法及司法实践借鉴的。

在美国，对权利人利润损失的计算已经达到了极为精致的地步。在现代民事诉讼"当事人主导主义"下，只有当事人提供确切的证据及计算方法时，其关于损害赔偿的请求才会得到法院的支持。但是，我国专利制度的发展历程还相对短暂，权利人、律师及法官在合理的利润损失的计算方法上并无太多的经验，单独从事专利评估的专业公司相对较少，还需要一个很长的过程才能日趋完善。

4.3 我国专利侵权损害赔偿制度完善建议

4.3.1 降低利润损失中因果关系证明标准

在司法实务中，法院之所以以实际损失的方法来判赔的案件寥寥无几，很重要的原因是，我国法律对权利人利润损失与侵权行为之间的因果关系证明标准要求过高，这就需要我们借鉴美国和日本的做法，降低因果关系的证明标准以减轻权利人的举证责任。根据美国和日本的做法，在法院已确认被告的侵权行为存在的情况下，笔者建议应当参照下列因素来证明因果关系：一是市场上有没有对专利产品的需求；二是侵权产品与专利权人的专利产品是否有竞争关系，且市场上是否存在其他不侵权的竞争者；三是权利人是否能满足市场上对专利产品的需求。降低因果关系的证明标准，除了能减轻权利人的举证责任之外，还能够提高以权利人实际损失判赔案件的数量，这样才能达到我国专利法将权利人的实际损失放在核心位置的目的。

4.3.2 将价格腐蚀写入司法解释

在近几年的司法审判实务中，法院已经逐渐意识到了利润损失计算中的价格腐蚀问题，法院在审理案件时会酌情判赔因价格腐蚀所造成的利润，但是在法律上却没有任何适用依据。并且法院只是酌定判赔一个数额，对于该数额的计算依据是什么，在判决中没有任何体现。因此，笔者建议，应当将价格腐蚀造成的利润损失纳入到司法解释中，并且规范适用价格腐蚀的条件及计算方法，由权利人举证，法院根据权利人的证据来判定相应的数额。

4.3.3 规范技术分摊的适用

技术分摊问题在我国的司法实务中逐步得到认可，法院在案件的审判中也会酌情予以考虑，但是法院在适用时却没有法律依据。为了顺应实践中的需求，最高法于 2009 年 12 月 21 日通过的《最高人民法院关于审理侵犯专利纠纷案件应用法律若干问题的解释》第 16 条❶中对技术分摊问题提供了法律依据。虽然法律对技术分摊问题的适用给出了依据，但是在适用上却存在很多问题，法官只是考虑到有这一问题的存在，酌情给予一定比例的赔偿，而并不需要当事人的举证。所以，笔者建议，应当规范技术分摊的适用，规定由当事人进行计算与举证，而不是由法院自行确定，法院根据当事人的举证来确定相应数额。

4.3.4　许可使用费的确定方式

在我国，适用专利许可使用费的倍数这种计算方式确定赔偿额时，是在存在已经确定的并且适当的许可使用费时才可以适用，所以许可使用费的倍数这种计算方式的适用范围较窄。相比较而言，美国日本等国家就比较灵活，除了采用已经确定的许可使用费之外，还可以采用行业惯例或者采用虚拟协商价格的方式。虚拟协商价格的方法在我国尚不存在适用的空间，但是我们可以借鉴美国法院在使用这一方法确定许可使用费时要考量的因素。

在使用许可使用费的倍数确定赔偿额时，司法解释中有规定在确定赔偿额时要依据专利权的类别，侵权行为的情节以及性质等来确定判赔的金额，但是该规定不够全面、具体。笔者认为，我们可以借鉴美国司法实践中发展的已经比较完善的经验，譬如美国法院在确定专利许可使用费时要考量的十五个要素，我们也可以将影响专利许可使用费的要素明确地列举出来，以便法官在审理具体案件时考量。

4.3.5　依据专利的不同类型分别确定法定赔偿的限额

美国与英国的专利法中并没有法定赔偿这一计算方式，而《日本专利法》第 105 条则规定了法定赔偿制度，但日本的法定赔偿制度与我国的法定赔偿制度差别较大，很难比照借鉴。在我国的专利侵权损害赔偿案件

---

❶ 2009 年 12 月 21 日通过了《最高人民法院关于审理侵犯专利纠纷案件应用法律若干问题的解释》，该《解释》第 16 条规定：确定侵权人因侵权所获得的利益，应当限于侵权人因侵犯专利权行为所获得的利益；因其他权利所产生的利益，应当合理扣除。

中，依照法定赔偿进行判赔的案件比重过大，当事人以及法院对法定赔偿的依赖过重，严重阻碍了我国专利侵权损害赔偿体系的科学化发展。法定赔偿缺少科学系统的计算方式，专利法第三次修改时，将法定赔偿列为最后顺位，想必也有要改善法定赔偿被滥用的目的。

4.3.6　推广司法实践中的创新做法

知识产权评估制度在专利侵权诉讼中具有很重要的地位，权利人委托评估机构来参与诉讼的情况很多，但在法院审判案件时，也会委托专业评估机构对专利的市场价值进行评估，根据评估出来的市场价值来确定单位时间内专利的市场价值，再根据侵权人实施侵权行为的时间，最终确定损害赔偿额。这种计算方法在审判实务中是很有创造性的。当然在使用方式计算赔偿额时还应当注意，在专利保护期内的各个时间段，它的市场价值是会发生变化的，因此在计算时要注意区分不同时间段内专利的市场价值。

知识产权损失赔偿的计算一直都是困扰着法院的难题，法院在确定赔偿额时的自由裁量权太大以及计算方式不科学合理等原因，致使计算出来的赔偿结果往往不能真实的反映权利人所受损失。有知识产权法官根据自己多年对知识产权案件的审理经验，设定了确定知识产损害赔偿数额的"最大程度确定"规则，在该规则中，将影响侵害知识产权行为的所有因素进行拆分，由法官引导当事人量化具体因素，或法官依职权主动查明相关因素，应用一定的计算、推导、演绎方法，并通过相对确定的科学的计算公式，"最大程度确定"地计算出侵权损害赔偿数额，以使侵权赔偿数额的产生更科学、合理、确定、透明。●

---

❶　法官周晓冰在《建立知识产权损害赔偿的"最大程度确定"规则》一文中结合知识产权侵权案件的具体特点，依据法律确定的基本赔偿原则，设计了厘定知识产权损害赔偿数额的"最大程度确定"规则，包括：（1）因素拆分；（2）量化原则；（3）计算方法；（4）结果复核四方面内容。其核心在于通过对侵害知识产权行为涉及的所有因素的拆分，由法官引导当事人量化具体因素，或法官依职权主动查明相关因素，应用一定的计算、推导、演绎方法，并通过相对确定的科学的计算公式，"最大程度确定"地计算出侵权损害赔偿数额。文中提出适用侵权人获利计算损害赔偿额的公式为：侵权赔偿数额＝被告获利＋合理费用支出。其中，被告获利＝侵权产品销售价格×侵权产品的数量×利润率×侵权内容比例×权重值×侵权作用系数×赔偿预留比例＋修正值。

这些方法都是在司法实践发展过程中针对存在的具体问题而提出的解决方法。在借鉴国外有益经验的同时也应当推广这些创新做法，使得我国的专利侵权损害赔偿制度能够得到更好的发展。

4.3.7　强化律师和专利评估公司在专利侵权诉讼中的作用

我国专利制度确立的历史相对短暂，权利人、律师及法官在合理的利润损失的计算方法上并无太多的经验，单独从事知识产权评估的专业公司比较少。权利人无法就损害赔偿进行举证计算，法院也就无法依据权利人的请求判赔。因此造就了我国司法审判实务中绝大多数的案件是以法定赔偿判赔的局面。

从之前的论述中可以看出，在美国，专利损害赔偿的计算已经达到了极为精致的地步。在现代民事诉讼"当事人主导主义"下，只有在当事人提供确实的证据及合理的计算方式时，权利人的诉讼请求才会得到法院的支持，这其中，律师与专业的评估公司功不可没。而在我国，律师与评估公司在专利损害赔偿中发挥的作用是很小的，这也恰恰是我们的弱项，要解决这一问题还需要通过强化知识产权律师的职业素养、提升专利律师在诉讼中的地位、建立专利损害赔偿评估制度等来实现，并非朝夕之事。

律师与专业的评估公司在参与专利侵权损害赔偿案件时，应尽到勤勉义务，进行翔实的调查取证，在证据确凿的基础上运用会计学、评估学中的计算方法精确地计算出侵权损害赔偿数额。这样能够为法官判赔提供有力的依据，并能够提高审理案件的效率节约司法资源。

专利权受到不法行为的侵害时，在法律上如何对其进行保护才能使得结果科学合理，这个问题无论是在我国还是世界范围内，都是一个热点和难点问题。专利侵权损害赔偿制度在适用中还是存在很多问题，譬如法律规定的原则性太强，可操作性不强，法律规定的四种计算方法赋予了法官较大的自由裁量权，导致在具体的个案中，权利人的权利得不到保障。通过与美国、英国与日本法律的比较分析，结合我国的立法与司法实践对完善专利损害赔偿制度提出了以下建议：

第一，在利润损失的计算中，借鉴美国与日本的做法，降低因果关系证明标准，减轻权利人的举证责任。第二，顺应司法审判实务的要求，将价格腐蚀写入专利法解释中，为价格腐蚀的适用提供法律依据。第三，将技术分摊问题的适用在法律中明确规定，而不是由法院自行裁量。第四，借鉴美国法律的规定，将影响许可使用费的要素予以明确规定，以便法官在审判案件时进行参照。第五，结合我国的经济发展水平对发明、实用新型、外观设计分别确定法定赔偿限额。第六，在借鉴国外专利损害赔偿制度的同时，还应当推广我国司法实践中的创新做法。第七，强化律师和专利评估公司在专利侵权诉讼中的作用。

分　　论

知识产权侵权损害赔偿判例研究

第5章

著作权侵权损害赔偿判例研究

5.1　理论概说与争鸣问题

我国《著作权法》第 49 条规定了著作权侵权损害赔偿计算方法，即"侵犯著作权或者与著作权有关的权利的，侵权人应当按照权利人的实际损失给予赔偿；实际损失难以计算的，可以按照侵权人的违法所得给予赔偿。赔偿数额还应当包括权利人为制止侵权行为所支付的合理开支。权利人的实际损失或者侵权人的违法所得不能确定的，由人民法院根据侵权行为的情节，判决给予五十万元以下的赔偿"。知识产权纠纷中的法定赔偿是指在权利人因被侵权所遭受的损失以及侵权人所获得的非法利益均难以确定的情况下，法院根据当事人的请求或者依职权在法律规定的幅度内综合考虑各种因素来确定侵权人应承担的具体赔偿数额。这是知识产权侵权赔偿纠纷中特有的一种赔偿制度，由知识产权权利的特殊性，以及损害结果往往难以查清的现状所决定。可见我国法定赔偿的适用要具备一定条件，即只有在权利人的损失或者侵权人的违法所得均难以确定的情况下，才可以适用法定赔偿。❶ 这也表明我国著作权侵权法定赔偿制度具有适用

---

❶　杨涛，黄修斌. 著作权法定赔偿制度的利弊分析与立法完善［J］. 科技与法律，2008 (3).

效力上的次位性。

美国等国对法定赔偿适用顺序的选择并不明确,《美国著作权法》第 504（c）条规定,当权利人认为自己的实际损失和侵权者的利润难以证明或不能证明时,或者认为主张法定赔偿更有利时,权利人可以在法庭最终判决前,在两种途径中进行选择。《加拿大著作权法》也有类似规定,其赋予权利人选择对其更有利的赔偿方式。该国著作权法第 38.1 条规定权利人在法庭最终判决做出前,可以选择不少于 500 加元或不高于 2 万加元的法定赔偿,该赔偿是针对一部作品,而不论侵权者是独自负责还是连带责任。《德国著作权法》对法定赔偿的规定有所不同,《德国著作权法》第 101 条规定,著作权人可以其著作权之通常行使所获取金钱之数额,推定为自己受损数额而请求赔偿,法院得斟酌情形,确定损害赔偿之数额。可见它没有适用顺序上的明确规定,而是规定按正常许可的使用费来计算赔偿标准推定和拟定的赔偿额来代替实际损失的计算,辅之以酌定赔偿。该国之所以这样规定,主要是有的案件如计算机软件侵权案件,正版软件与盗版软件的价格相差悬殊,无论以正版软件还是以盗版软件来计算赔偿额,都有可能产生明显不公,而且会违背民事赔偿的基本原则——恢复原状。因此,这时选择按正常许可的使用费来计算赔偿不失为一种好的选择。

5.1.1 著作权法定赔偿适用分析

5.1.1.1 顺位适用原则

从我国《著作权法》第 48 条的本意理解,"权利人的实际损失或者侵权人的违法所得不能确定的,由人民法院根据侵权行为的情节,判决给予 50 万元以下的赔偿",能得出前两种方法不能确定才能适用法定赔偿的结论。法定赔偿的被迫适用原则的合理性在于,不管法官如何公正无私,其酌情判决的金额都和权利人实际损失或多或少存在不一致。既然权利人损失或侵权人获利可以查清,就当然没有必要适用法定赔偿。

5.1.1.2 利益平衡原则

著作权是国家保障创作性表达（作品）之繁荣的市场手段。一般来说，著作权保护的范围窄，社会将缺乏创造新信息的动力，将会缺乏物质进步的动力。但反过来说，作家、作曲家、画家或者其他创作者就有可能无须许可即可从以往的作品中进行借用，而不侵犯著作权，并且因此而使一个新作品的创作成本更低。在侵权未发生时，科学地确定著作权保护的度，使著作权人和社会公众之间达到利益衡平非常重要。在侵权已经发生时，科学地确定赔偿数额的度，使著作权人和侵权人之间达到利益衡平同样重要。

5.1.1.3 最低标准原则

针对当前著作权侵权中商业化维权增多的现状，不少人对权利人的商业化维权持否定态度，认为应当对商业化维权的权利人进行弱保护。但最高人民法院的相关政策已经厘清了这一误区，肯定了商业化维权的合理性因素，毕竟不管权利人维权的主观心态如何，商业化维权的前提是有侵权行为的发生，而侵权行为不允许被纵容。当前著作权法规定了法定赔偿不高于 50 万元，著作权法修改草案中把法定赔偿金额提高到了最高 100 万元，但是都没有规定最低标准。

有观点认为，当前司法实践中法定赔偿制度的运用正在日益摆脱既定的适用先后效力规则上的限制，有演化为确定著作权侵权赔偿范围唯一方式的倾向。客观上因著作权权利的特殊性，权利人被侵权时对其损失难以确定，同样对侵权人的获利也难以计算，使得权利人在侵权诉讼中一般都主张适用法定赔偿。主观上可能权利人利用法律规定的法定赔偿的范围空间较大，寄托于法官在自由裁量时多考虑一些惩罚性因素，使得权利人能够获得较高的赔偿额。而我国《著作权法》明文规定在权利人的实际损失或者侵权人的违法所得不能确定时，才适用法定赔偿制度，法定赔偿制度有这样一种顺序上的次位性。但权利人在提起侵权之诉时，除非有充分证据证明其因侵权所遭受的具体损失或者侵权人因❶侵权所获得的利益（这种案件较少），一般都主张适用法定赔偿。这样一来减轻了举证义务，二来能够获得不错的赔偿额。

5.2 判例研究：广东原创动力文化传播有限公司与沙依巴克区地王国际鞋都拉丁宝贝童鞋行著作权权属、侵权纠纷案件

5.2.1 案件事实

《喜羊羊与灰太狼》系列卡通影视剧由原告制作并发行，原告是该卡通片及其相关作品的著作权人，对该作品中的"喜羊羊""灰太狼"等卡通形象进行了著作权登记，同时实现了版权产品多元化开发、收益、发展的新模式。随着巨大的市场成就，众多未经授权的生产者及销售者开始大量生产和销售侵犯原告著作权的商品。经调查，原告于 2014 年 11 月发现被告在位于乌鲁木齐市炉院街 333 号地王鞋都负一层 C - 28 号商铺销售的童鞋及内包装纸、品牌和包装盒上均印有原告《喜羊羊与灰太狼》系列卡通形象美术作品中的"喜羊羊""灰太狼"图案，商铺门外两侧的宣传墙上、商铺内墙上及对外发放的名片上均大量擅自使用了原告的美术作品"喜羊羊""灰太狼"图案，原告通过申请公证的方式对被告上述行为进行了证据保全。

根据著作权法及相关法律的规定，被告的行为侵犯了原告著作权，故诉至法院。

5.2.2 争议焦点

（1）原告是否享有涉案美术作品的著作权；（2）被告销售被控侵权产品及在店铺内外墙体、名片上张贴、印刷涉案美术作品的行为是否侵害了

---

❶ 杨涛，黄修斌. 著作权法定赔偿制度的利弊分析与立法完善［J］. 科技与法律，2008 (3).

原告的复制权、发行权；（3）关于侵权责任的具体承担方式及赔偿数额的认定。

5.2.3 裁判理由

（1）争议焦点一：原告是否享有涉案美术作品的著作权？

关于原告是否享有涉案美术作品的著作权的问题。《最高人民法院关于审理著作权民事纠纷案件适用法律若干问题的解释》第7条规定："当事人提供的涉及著作权的底稿、原件、合法出版物、著作权登记证书、认证机构出具的证明、取得权利的合同等，可以作为权利证据。"原告是电视动画片《喜羊羊与灰太狼》的制作者，其对该作品的主角造型"喜羊羊""灰太狼"进行了美术作品著作权登记，在没有相反证据的情况下，可以确认原告对美术作品"喜羊羊""灰太狼"享有著作权。

（2）争议焦点二：被告销售被控侵权产品及在店铺内外墙体、名片上张贴、印刷涉案美术作品的行为是否侵害了原告的复制权、发行权？

关于被告销售被控侵权产品及在店铺内外墙体、名片上张贴、印刷涉案美术作品的行为是否侵害了原告的复制权、发行权的问题。原告享有著作权的上述美术作品是对真实动物形象进行了拟人化的特别处理，在相貌、造型等方面具有显著性特征，体现了作者独有的创意。比对被控侵权产品上的卡通图案造型及被告使用在经营场所内外墙体上的宣传画及名片上印制的卡通图案，与涉案美术作品在轮廓、构造、面部神态等方面均相同，构成对原告涉案美术作品复制权、发行权的侵害。我国《著作权法》第53条规定，复制品的出版者、制作者不能证明其出版、制作有合法来源的，复制品的发行者……，不能证明其发行、出租的复制品有合法来源的，应当承担法律责任。被告未提供证据证明其销售的涉案产品具有合法来源，也未提交证据证明其使用行为获得了合法授权，故被告的上述使用、销售行为侵害了原告涉案美术作品的复制权、发行权。

（3）争议焦点三：关于侵权责任的具体承担方式及赔偿数额的认定问题。

被告销售被控侵权童鞋，在商铺内外墙体及名片上使用涉案美术作品的行为侵害了原告对涉案美术作品所享有的复制权、发行权，故对原告要求被告停止销售，停止将美术作品在商铺内墙体上使用及对外宣传使用的诉讼请求，法院予以支持。我国《著作权法》第 49 条规定，侵犯著作权或者与著作权有关的权利的，侵权人应当按照权利人的实际损失给予赔偿，实际损失难以计算的，可以按照侵权人的违法所得给予赔偿。赔偿数额还应当包括权利人为制止侵权行为所支付的合理开支。本案因原告未能提供证据证实其因侵权所受损失及被告因侵权所获利情况，故根据作品类型、作品知名度、作品数量、侵权行为的情节、主观过错、侵权者的经营性质及经营规模等情况予以酌定。原告主张的公证费、购买侵权产品费用、工商查档复印费、照片冲洗费系本案合理费用范畴，予以支持。原告主张的律师费虽未提交票据，但原告聘请律师代理的事实存在，法院根据本案标的及律师工作量结合相关律师费收费标准予以酌定。

5.2.4　判决结果

（1）被告沙依巴克区地王国际鞋都拉丁宝贝童鞋行于本判决生效之日起立即停止销售侵害原告广东原创动力文化传播有限公司卡通形象"喜羊羊""灰太狼"美术作品复制、发行权的商品；

（2）被告沙依巴克区地王国际鞋都拉丁宝贝童鞋行（经营者：胡红卫）于本判决生效之日起立即停止将原告广东原创动力文化传播有限公司卡通形象"喜羊羊""灰太狼"在其商铺内墙体上、名片上的使用、宣传行为；

（3）被告沙依巴克区地王国际鞋都拉丁宝贝童鞋行于本判决生效之日起 10 日内赔偿原告广东原创动力文化传播有限公司经济损失 12000 元（含原告为制止侵权行为支出的合理费用）。

5.2.5　判例解析

本案中，原告未按照法定赔偿原则主张损失，且未能提供证据证实其因侵权所受损失及被告因侵权所获利情况，故法院根据作品类型、作品知名度、作品数量、侵权行为的情节、主观过错、侵权者的经营性质及经营规模等情况予以酌定权利人的损失。此外，法院还对于原告为制止侵权行为所支出的合理费用予以支持。原告主张的公证费、购买侵权产品费用、工商查档复印费、照片冲洗费均系合理费用范畴，原告主张的律师费虽未提交票据，但原告聘请律师代理的事实存在，法院也根据本案标的及律师工作量结合相关律师费收费标准予以酌定。关于合理费用计算问题，这里谈一下律师费问题，从审判实践看，知产案件的律师收费普遍较高，加上由于知识产权对象的无形性造成其价值的不稳定性，部分权利人对于其权利的价值缺乏准确的判断和把握，以致原告起诉时提出的赔偿请求普遍过高，而为之付出的律师费也高。因此如果侵权成立，原告获得的赔偿额与之请求赔偿额相差也较大，这样原告主张的律师费当然不能全额支持，而应以法院支持的赔偿额部分所产生的律师费让被告承担。

我国民事侵权赔偿制度贯彻的是全面赔偿原则，即"填平原则"，知识产权侵权赔偿也不例外。因此，赔偿数额主要还是以权利人的实际损失为考量依据。侵权行为造成的实际损失，应当是损害赔偿计算的中心，任何一种方法都不能脱离实际损失或者损害损失而单独存在。当然，法定赔偿通常是在实际损失不能准确计算的情况下使用的，法官也希望当事人能举证实际的损失，优先计算权利人的实际损失及相关合理费用，从而适用全面赔偿原则。

一般认为，著作权侵权中，直接损失是指著作权人为创作或发行作品所支出的费用；间接损失是指著作权人创作、发行作品在未遭受侵权的情况下可能获得的合理预期收入；其他损失是指著作权人为调查和制止侵权行为及在著作权侵权诉讼过程中所支出的调查费、鉴定费、律师费、交通费、材料费等必要支出的费用。实践中，侵权人在提出证据证明自己并未因侵犯著作权的行为而获利时，往往用实际经营额或收入总额扣除自己在实施侵权行为过程中所支付的成本费用的差额作为自己的实际利润总额。这样的结果是侵权人往往并未实际获得利润，有时甚至是"赔本"的。其结果是：既然侵权人没有违法所得，那么以侵权人违法所得来计算损害赔偿数额也就失去了根据。

笔者认为，在依据侵权人的违法所得计算著作侵权损害赔偿数额时，应当以侵权人的实际经营额或收入总额为依据，并将侵权人在实施侵权行为过程中可能获得利润机会考虑进去。这样做，实际的问题就会变成操作上的问题，而非法律上的公平性问题，需要的仅仅是操作方法问题。

目前，根据著作权法关于著作权侵权赔偿方法的适用顺序是优先考虑权利人受损和侵权人获利这两种计算方法，只有在损失与获利都不能查明时，法院才可以基于当事人要求赔偿的诉讼请求，选择适用定额赔偿方法。赔偿以及计算赔偿方法均属于当事人的诉讼请求范畴，并非单纯的法律适用问题，应赋予权利人以完整的请求权，即允许权利人对不同的赔偿方法进行自由选择，直接选择适用定额赔偿而不应受任何限制。只有这样才能从实体权利到程序权利两方面真正体现司法公正。

同时，在使用法定赔偿中，一些相关因素也应当加以考虑，如侵权产品和被侵权产品的类型、市场价值和评估价值，侵权人的主观过错、侵权情节（侵权持续时间、范围、后果、市场分割及社会影响），权利人因侵权所受的商誉和精神损害等因素。将这些酌定因素量化到法定数额之中。

5.3 判例研究：中国音像著作权集体管理协会与无锡东吴桃源娱乐有限公司著作权权属、侵权纠纷案件

5.3.1 案件事实

《流行歌曲经典》（中国音像著作权集体管理协会（以下简称音集协）会员作品精选集第一辑、第三辑）为中国唱片总公司出版的音乐电视作品专辑，《最炫民族风》《开门大吉》（流行金曲榜 2013 最流行新歌 + 精选金曲卡拉 OK1、2）《擦肩而过》为佛山市顺德区孔雀廊娱乐唱片有限公司（以下简称孔雀廊公司）出版的三部音乐电视作品专辑。原告音集协诉称：包括《最炫民族风》《擦肩而过》《梦中情人》在内的 182 部音乐作品的著作权人分别将上述音乐作品的复制权、放映权等权利信托音集协管理，授权音集协以自己名义同音像节目的使用者商谈使用条件、发放使用许可、征集使用情况、收取版权使用费用，并授权音集协有权以自己的名义

向侵权使用者提起诉讼。被告东吴桃源公司未经许可,在未交纳版权使用费的情况下,以营利为目的,擅自在其经营场所内以卡拉 OK 方式向公众放映包括本案所涉 182 部音乐作品在内的音集协信托管理的 MTV 音乐电视作品。音集协认为,东吴桃源公司的行为严重侵犯著作权人和音集协的合法权益,给其造成了较大的经济损失,请求法院判令东吴桃源公司:(1)停止侵权,立即从曲库中删除《最炫民族风》等 182 部 MTV 音乐电视作品;(2)赔偿经济损失 109200 元;(3)赔偿音集协为本案所支出的合理费用 7050 元,包括律师费 5000 元、公证费 1000 元、取证费 500 元、查档费 50 元,差旅费 500 元;(4)承担本案诉讼费用。

5.3.2 争议焦点

(1)公开放映涉案作品是否侵犯著作权;

(2)赔偿数额如何认定。

5.3.3 裁判理由

涉案音乐电视作品著作权受法律保护。音集协作为著作权集体管理组织,依据与涉案音乐电视作品权利人签订的音像著作权授权合同,信托管理涉案音乐电视作品的放映权、复制权,并有权以自己名义向侵权者提起诉讼。东吴桃源公司未经许可,向消费者提供涉案作品卡拉 OK 点唱服务,系公开放映涉案作品的行为,侵犯了涉案作品的著作权,依法应承担停止侵权、赔偿损失的法律责任。

关于东吴桃源公司辩称音集协未事先通知其公司停止侵权,其公司不知道放映涉案作品侵权意见,法院认为,音集协未通知东吴桃源公司停止侵权不妨碍东吴桃源公司侵权行为的成立,故对于东吴桃源公司的上述辩称,法院不予支持。关于东吴桃源公司辩称无锡市滨湖区尚未成立娱乐行业协会,故无锡市滨湖区不具备著作权使用费收费条件的意见,法院认为,地方性娱乐行业协会有无成立与音集协是否有权收取著作权使用费之间并无关联,故对于东吴桃源公司的上述辩称,法院不予支持。

关于赔偿数额,音集协未举证证明其损失数额和东吴桃源公司的获利数额，音集协请求法院以法定赔偿的方式酌情确定赔偿数额，该请求符合法律规定。法院综合考虑涉案作品的性质及数量、涉案侵权行为情节及侵权后果、东吴桃源公司的经营地域及消费水平、音集协为制止侵权而支出的公证、取证等合理费用等因素酌情确定赔偿数额。音集协主张的律师代理费虽未实际支付，但该费用为制止涉案侵权行为支出，而且是必然会产生的费用，其合理部分应计入本案赔偿范围。关于音集协主张的差旅费500元，因音集协未提供相应证据证明，应承担举证不能的法律责任，故法院对音集协主张的差旅费500元不予支持。音集协为本案诉讼所支出合理费用，酌情确定为3000元。

5.3.4　判决结果

（1）被告无锡东吴桃源娱乐有限公司立即停止侵害182首涉案音乐电视作品（详见涉案歌曲目录）的著作权，并从曲库中删除上述音乐电视作品；

（2）被告无锡东吴桃源娱乐有限公司于本判决生效之日起5日内赔偿原告中国音像著作权集体管理协会经济损失54600元；

（3）被告无锡东吴桃源娱乐有限公司于本判决生效之日起5日内赔偿原告中国音像著作权集体管理协会为制止侵权支付的合理开支3000元。

5.3.5　判例解析

重点分析本案中关于赔偿数额认定的问题。法院判决的赔偿数额主要依据即为音集协主张以法定赔偿的方式酌情认定赔偿的数额。法院最终判决理由为综合考虑涉案作品的性质及数量、涉案侵权行为情节及侵权后果、东吴桃源公司的经营地域及消费水平、音集协为制止侵权而支出的公证、取证等合理费用等因素酌情确定赔偿数额。音集协主张的律师代理费虽未实际支付，但该费用为制止涉案侵权行为支出，而且是必然会产生的费用，其合理部分应计入本案赔偿范围。音集协为诉讼所支出合理费用，酌情确定为3000元。该案虽然适用法定赔偿原则，但是也反映出赔偿数额具有很大的自由裁量性。客观来讲，因著作权权利的特殊性，权利人被侵权时对其损失难以确定，同样对侵权人的获利也难以计算，使得权利人在侵权诉讼中更倾向于主张适用法定赔偿。主观上权利人利用法律规定的法定赔偿的范围空间较大，寄托于法官在自由裁量时多考虑一些惩罚性因素，这样一来减轻了举证义务，二来能够获得不错的赔偿额。

《著作权法》第 49 条规定看似已有效解决了著作权法修改以前对著作权侵权赔偿数额规定不明确的问题。但笔者认为该条的规定仍属于原则性规定，实际操作性仍然不强，可逐步加以完善。

（1）规定可以直接适用法定赔偿的案件，丰富法定赔偿制度适用案件的类型。为充分保护权利人的利益，最大限度地实现司法公正与效率，笔者认为，我们应借鉴国际上大多数国家的做法，在知识产权司法保护中，我们不仅需要考虑到可能部分案件存在侵权损失因为证据收集的问题而难以查清的问题，其实还存在着基于侵权类型而致使无法量化的问题。所以，笔者建议，依据案件的性质，赋予部分侵权案件的权利人直接选择适用法定赔偿的权利。可以将适用法定赔偿的案件依案件性质分为两类：一类是由于当事人难以举证确定损失或获利的，在当事人尽了合理的举证努力之后，权利人实际损失和侵权人获利难以查清的案件，才能适用法定赔偿，大多数知识产权案件属于此类；另一类是侵权性质决定损失或获利难以确定的，如侵害著作人身权案件，此类案件由法律规定当事人有权直接选择适用法定赔偿。

（2）对于不同类型的案件，掌握适用前提。在权利人的损失或者侵权人的获利未能查清时适用法定赔偿。在权利人选择其损失或者侵权人获利作为赔偿依据，但又未能充分举证时，应向其进行释明。如权利人还未能作出选择，则法院应依职权适用法定赔偿来确定赔偿，以保护权利人的知识产权。

（3）借鉴美国版权法规定，以每项具体的著作权及每个侵权行为作为适用法定赔偿的基准。如出现对权利人的多部作品的侵权行为，在适用法定赔偿时应分别计算法定赔偿额。

（4）扩大著作权法定赔偿幅度的上限。运用法定赔偿原则，是基于不能准确计算权利人的损失或者侵权人的获利，当前我国著作权法规定的法定赔偿的上限是 50 万元，但如果有证据证明权利人的实际损失或者侵权人的获利超过 50 万元，而且又不能准确计算赔偿金额，此时我们运用法定赔偿确定赔偿，最高只能定 50 万元，这样并不能完全弥补权利人的损失。司法实践中也有在法定限额以上酌定赔偿额的判例。在现有法律制度下，这种做法是否妥当值得商榷。

（5）确定法定赔偿时应根据案件具体情况认真综合考虑各种可量化因素。法官在法定赔偿限额的幅度内自由裁量确定的数额，并不是凭空估计的过程，而应当依据现有的事实和责任划分范围以及多方面的证据，尽量做到准确合理的确定赔偿额。《最高人民法院关于审理著作权民事纠纷案件适用法律若干问题的解释》第 25 条第 2 款规定，人民法院在确定赔偿数额时，应当考虑作品类型、合理使用费、侵权行为性质、后果等情节综合确定。这是对著作权案件适用法定赔偿总的考量原则。

在审判实践中，我们遇到的作品多种多样，同类的作品因权利人的不同而体现的价值不同，有的相差较大。不同类的作品在确定赔偿额时所考量的因素也不尽相同。德国、日本以其著作权或著作邻接权之行使通常得获取金钱之数额推定为自己受损害数额而请求赔偿，以免受制于传统理论的困境，可见德国等国著作权法规定按正常许可使用费来推定赔偿额。我国著作权权利人的作品有的并不突出商业性使用，难以按照正常许可使用费来确定赔偿额。有的如摄影作品、美术作品，国家规定的付酬标准是很多年前颁布的，在市场经济日益发达的今天，这些标准已难以反映作品的实际市场价值。如按照此付酬标准来确定赔偿额，并不能弥补权利人的实际损失，也不能达到制止侵权行为的目的。因此，国家版权局规定对摄影等美术作品被侵权确定赔偿额时应以著作权人合理预期收入的 2 ~ 5 倍计算，图书可按国家颁布的稿酬标准的 2 ~ 5 倍计算赔偿额。这是贯彻全面赔偿原则的具体体现，而并非惩罚性赔偿。这里还有一个问题，如果被告不是通过报刊、图书出版等方式侵权，而是通过网络传播侵权的，那要具体案件具体分析。

5.4 判例研究：上海步升大风音乐文化传播有限公司与北京易听信息技术有限公司侵害作品信息网络传播权纠纷

5.4.1 案件事实

原告步升大风公司起诉称：2011 年 7 月 12 日，我公司发现易听信息公司在其经营的一听音乐网（网址为 http：//www. 1ting. com）上向公众提供了许巍演唱的《爱如少年》专辑中 12 首歌曲《爱》《彩云之巅》《故事》《我们》《家》《美丽的女人》《幸福》《天使》《道路》《难忘的一天》《四季》《少年》。上述曲目的录音制作者权为我公司所有，易听信息公司的上述行为未经我公司许可，侵犯了我公司享有的录音制作者权。故我公司诉至法院，请求判令易听信息公司停止侵权并赔偿我公司经济损失 24000 元。

被告易听信息公司答辩称：首先，涉案一听音乐网是上海易听信息技术有限公司（简称上海易听信息公司）实际运营，我公司不是涉案网站的运营主体；其次，涉案 12 首歌曲不是热播歌曲，网站点击量不高，因此步升大风公司的索赔金额过高。综上，我公司不同意步升大风公司的全部诉讼请求，请求法院予以驳回。

5.4.2 争议焦点

（1）向公众提供专辑中歌曲行为是否侵犯公司享有的录音制作者权；
（2）赔偿数额如何认定。

5.4.3 裁判理由

根据涉案音乐专辑上的署名，在无相反证据的情况下，可以确认步升大风公司为该专辑中涉案 12 首歌曲的录音制作者，有权提起本案诉讼。

工业和信息化部的域名备案信息显示一听音乐网为易听信息公司主办，易听信息公司亦表示系其实际将涉案 12 首歌曲上传至一听音乐网，故本院认定易听信息公司系一听音乐网的经营者，步升大风公司可以向其主张权利。易听信息公司未经许可擅自在其网站上提供涉案 12 首歌曲的在线播放服务，使社会公众可以在自行选择的时间和地点获得涉案 12 首歌曲，侵犯了步升大风公司作为录音制作者对涉案 12 首歌曲享有的信息网络传播权，应当承担停止侵权、赔偿经济损失的法律责任。

对于赔偿经济损失的具体数额，步升大风公司主张数额过高，且无合理依据，法院不予全额支持。法院将综合考虑到涉案制品的发行时间、市场影响力、易听信息公司的主观过错程度及其侵权行为的性质和情节等因素，酌情确定本案赔偿数额。

5.4.4 判决结果

（1）被告北京易听信息技术有限公司于本判决生效之日起立即从一听音乐网上删除涉案 12 首歌曲；

（2）被告北京易听信息技术有限公司于本判决生效之日起 10 日内赔偿原告上海步升大风音乐文化传播有限公司经济损失 8400 元；

（3）驳回原告上海步升大风音乐文化传播有限公司的其他诉讼请求。

如果被告北京易听信息技术有限公司未按本判决指定的期间履行给付金钱义务，应当依照我国《民事诉讼法》第 253 条之规定，加倍支付迟延履行期间的债务利息。

5.4.5 案例评析

上述案例关于赔偿金额的裁定，法院判决理由为步升大风公司主张数额过高，且无合理依据，本院不予全额支持。法院综合考虑到涉案制品的发行时间、市场影响力、易听信息公司的主观过错程度及其侵权行为的性质和情节等因素，酌情确定本案赔偿数额。法院着重考虑了被告的主观过错原因。

互联网络的迅猛发展改变了我们的生活，但也产生了很多新的冲突和纠纷，使得我们不得不考虑重新分配和调整权利和利益。新的技术带来的法律问题更多地集中在著作权领域。互联网改变了作品的传播方式，侵权形式日益复杂多样，较传统侵权更为隐蔽，使得对著作权的保护成了难题。网络著作权是基于文学、艺术和科学领域内具有独创性并能以某种有形形式复制的智力成果，在网络环境下依法产生的权利。网络著作权物质载体无形，权利归属复杂，复制方便快捷，这些特点都决定了网络著作权与传统著作权有着很大的不同，所以网络著作权的侵权损害赔偿也有着自身的特点。

在归责原则上，网络著作权应同时适用过错责任原则和无过错责任原则。在保护方式上，网络著作权人既可要求侵权人赔偿损害，也可要求其停止侵害、消除影响、赔礼道歉，还可以两者并用。网络著作权侵权损害赔偿范围包括合理费用和补偿性赔偿，在适度保护下，一般情况都可适用补偿性赔偿。侵权行为发生后，权利人实际损害与侵权人获利均难以计算时，当前法律规定的 50 万以下的法定赔偿范围在适用上没有统一的参照标准，需要法官以法律为准绳，根据客观侵权事实和法官自己的审判经验，仔细地分析和判断案情，全面综合解决当事人争议时要考虑的因素，最终确定合理的赔偿数额。我国著作权侵权损害赔偿的归责原则应该为过错责任原则和一定条件下的过错推定原则，并辅之以公平原则。其中过错推定原则在处理著作权侵权赔偿纠纷中起着极为重要的作用。在著作权损害赔偿中，对无过错责任原则的具体适用，还有待于理论的探讨和法律的明确规定。当前在审判实践中，应当注意不要将本应适用过错责任原则，特别是适用过错推定责任原则的情形，错误地适用无过错责任原则，更不能盲目适用无过错原则，混淆严肃执法与理论探讨的界限，或者片面理解过错责任原则，放纵著作权侵权行为。

5.5 判例研究：王小蕙诉石家庄市引水入市工程指挥部办公室等侵犯著作权纠纷案

5.5.1 案件事实

原告王小蕙于 1999 年 4 月，通过曲阳县建来石材雕刻有限公司（以下简称建来公司）介绍，和另两位雕塑家按照石家庄市引水入市工程指挥部办公室（以下简称引水办）《招标文件》的要求，创作设计了 12 个方案，按照程序参加了雕塑创作方案投标。经过一审评选，王小蕙为西里公园设计的浮雕方案被选中。在此基础上，王小蕙按照引水办的要求为西里公园做出了主雕和两侧浮雕综合配套的创作设计方案，并被引水办采纳。同年 7 月，根据《招标文件》的要求，王小蕙为西里公园主、侧浮雕方案设计制作立体模型。其间，建来公司曾取走局部模型。王小蕙继续制作立体模型，等待引水办与其商定西里公园雕塑工程实施方案和签订合同。国庆节过后，王小蕙得知西里公园的雕塑工程已经建成，使用的正是她的作品。王小蕙认为引水办的行为严重侵犯了其著作权，请求引水办向其赔礼道歉并支付其创作设计费损失 20 万元，赔偿经济及精神损失费 10 万元，承担本案诉讼费用，审理过程中，王小蕙申请追加建来公司为共同被告，请求判令建来公司承担连带责任。

引水办辩称，中标作品应为合作作品，王小蕙的诉讼请求超出了其权利范围。王小蕙没有购买标书，也没有以自己的名义投标，而是与建来公司一起并以建来公司的名义投标，王小蕙与建来公司是委托关系。引水办依据招标文件以及与建来公司的合同获取该雕塑作品，并已按合同规定支付了包括著作权财产权在内的各种费用，故使该作品合法。

建来公司辩称，建来公司与王小蕙之间有协议，并已履行，本案是王小蕙诉引水办侵犯著作权，与建来公司无关。

5.5.2　争议焦点

（1）城市雕塑设计方案是否属于受著作权法保护的作品；

（2）城市雕塑的招投标过程及各方的权利和义务；

（3）雕塑家的精神权利及其损害赔偿。

5.5.3　裁判理由

雕塑作为一种立体作品有其特殊性。它的完成通常要经过总体构思、绘制平面稿图、立体效果图、设计立体泥塑稿、翻制特种材料制成的小立体模型、按实际需要的尺寸对立体模型进行泥塑放大并翻制成特种材料制成的定型作品等一系列过程，最后再由施工单位按设定的材质规格和技术进行复制。从构思成图到完成定型作品的整个过程中，每一阶段都有设计者对作品深化、修改、完善和再创作的成分，每一阶段都产生设计者新的作品，后一阶段作品是对前一阶段作品的完善和深化，设计者对每一个阶段的作品都享有著作权。王小蕙根据引水办的招标文件和王小蕙等三人与建来公司签订的协议书，为投标先后绘制了两个浮雕和中心主雕的平面稿图、立体效果图，并根据招标文件的要求制作了立体雕塑小样，王小蕙对其设计的平面稿图、立体效果图、立体雕塑小样均享有著作权，依法应予保护。根据招标文件和王小蕙等三人与建来公司签订的协议书，王小蕙应向引水办交付全部立体小样，亦即王小蕙同意引水办使用的作品是立体雕塑小样，并有权参与立体雕塑小样的放大制作，以保护作品的艺术质量。王小蕙已交付的平面稿图、立体效果图作为一种初步的平面设计图稿，只是王小蕙为最终完成立体雕塑作品而设计的一个阶段性作品，是一个尚有待于不断完善和深化的作品。

作为招投标过程中的必要环节，王小蕙交付平面稿图、立体效果图，目的只是为了参与评审，初步展现自己的构思和设计能力，为下一步立体作品被使用做必要准备，而并非要发表平面图（平面稿图、立体效果图）作品，其同意发表的作品是招标文件要求其提交的立体雕塑小样。引水办在王小蕙只交付了局部立体模型（主雕人物两个、浮雕局部一件）、未取得作者王小蕙的同意的情况下，即与建来公司签订协议书，让建来公司依平面图制作雕塑，并将制成的雕塑置于西里公园，而且雕塑未标明作者王小蕙的姓名，在内容上对原平面图作品做了较多的增删及改变，有的内容变更足以导致给王小蕙本人带来较低的社会评价，其行为侵犯了王小蕙对其平面图作品享有的发表权、使用权、署名权、修改权和保护作品完整权。

5.5.4　判决结果

河北省高院认为：原告创作和雕塑设计方案受著作权法保护，原告虽然是与他人合作参与竞标，但本案涉讼作品属原告一人所有。被告引水办未经作者同意，擅自进行立体复制的行为，构成对原告"阶段性作品平面图"的著作权的侵害。引水办在最终制成的雕塑上标明作者姓名，在内容上对原告平面图做了较多增删和改变，是以导致给原告带来较低的社会评价，侵犯了原告的精神权利。故法官判决引水办向王小蕙赔偿经济损失包括为制止侵权支付的合理费用共计 211000 元，赔偿精神损失 4000 元；引水办在《雕塑》杂志或其他专业性期刊上就侵犯王小蕙著作权的行为向王小蕙公开赔礼道歉。

5.5.5 案例评析

笔者重点对于雕塑著作权法定赔偿数额进行剖析。王小蕙要求引水办赔偿的数额包括设计费损失、精神损害赔偿、为制止侵权而支付的合理费用几个部分。关于设计费损失部分，引水办在使用了王小蕙的平面图作品之后，未向王小蕙支付任何报酬，而是将大部分工程款支付给了建来公司，并与建来公司约定由建来公司向王小蕙支付设计费用，而王小蕙并未授权建来公司代其从引水办收取报酬，因此在建来公司未向王小蕙支付费用的情况下，王小蕙请求引水办赔偿设计费损失是正当的。关于设计费损失的数额，中国工艺美术学会雕塑专业委员会的《雕塑艺术工程创意方案与设计费收费标准（暂行）》，北京城市雕塑建设管理办公室"关于城市雕塑设计取费的说明"，中国美术家协会、中央美术学院雕塑系、清华大学美术学院雕塑系、西安美术学院雕塑系的证明，能够反映雕塑行业设计取费的标准，应予认定。根据上述证据，王小蕙的设计费按工程造价的 20% 取费是合理的。该工程设计的造价为 150 万元，王小蕙的设计费参照上述标准计算应为 30 万元。考虑到王小蕙在立体雕塑小样完成后，由于引水办和建来公司的原因未参加后期工作，应适当减少设计费数额。雕塑设计作为一种智力活动，其最主要的价值体现在由构思到成图这一过程中，本案中王小蕙已完成了这一阶段的工作，因此王小蕙主张按 20 万元的数额计算自己的设计费损失是合理的，应予支持。

关于王小蕙请求引水办赔偿其精神损失的问题，鉴于引水办的行为已侵害了王小蕙的保护作品完整权，足以导致王小蕙所受的社会评价降低，而且，王小蕙尽管很想在自己的作品上署名，却由于上述原因不敢再要求署名，而这样一个作品将长期置放于一个大城市的主要景区里，这些事实对王小蕙这样一个雕塑家来说，给其带来的精神损害后果无疑是严重的，本院酌情确定引水办赔偿王小蕙精神损失 4000 元。关于王小蕙请求引水办赔偿其为制止侵权支付的合理费用问题，依据我国《著作权法》第 48 条、《最高人民法院关于审理著作权民事纠纷案件适用法律若干问题的解释》第 26 条、第 27 条的规定，王小蕙请求引水办赔偿其支付的 10000 元律师费，应予支持。本院酌情确定王小蕙在这一部分的合理支出费用为 1000 元，引水办应予赔偿。

本案涉及一个焦点问题，即著作权人精神损失数额的认定，对精神损害赔偿数额的确定，主要由法官根据侵权人的过错程度、侵害的手段、场合、行为方式等具体侵权情节，还要考虑侵权行为所造成的损害后果、受诉法院所在地平均生活水平、以及受害人与侵权人的情况等因素。受害人包括公民、法人或其他组织的情况，内容涉及受害人的职业、社会知名度和影响力、商誉状况、经济状况等。这些情况通常与受害人所遭受的精神损害结果有一定联系。需要注意的是，最高人民法院的司法解释已经明确，精神损害赔偿金的性质是精神损害抚慰金，即是一种补偿性的赔偿，而非惩罚性赔偿。

著作权以原创性为保护的重点，受侵害时回复原状的可能性微乎其微，只有寻求经济赔偿一个途径。所以，损害赔偿对被侵权人意义重大。著作权损害赔偿涉及赔偿的计算标准、计算方法、归责原则及精神损害赔偿等非常复杂。著作权法规定，以受害人的实际损失作为赔偿的基本原则，以侵权人违法所得和法定赔偿为补充。实际损失是指被侵权人在起诉时或者在判决前期已实际遭受的损失。按实际损失赔偿即意味着全面赔偿，救济功能本应充分，但著作权法没有对实际损失包括的内容做出具体规定，只给出了一个笼统、抽象的概念。"赔偿数额还应当包括权利人为制止侵权行为所支付的合理开支"，虽然说明赔偿数额包括间接损失，但哪些属合理开支又不明确。立法简略，缺乏可操作性，理论界意见分歧也较大，导致法院在审判实务中的处理不尽相同，这种状况影响到对权利人赔偿的公正合理性。同时侵权赔偿的计算标准不具体。

著作权侵权赔偿额的计算非常复杂，除法律上规定了明确的赔偿范围，还必须有明确、具体的计算标准。但著作权法对怎样计算权利人的损失、侵权人的利润等没有具体规定，导致实务中各地法院处理不一，而且存在较大差异，影响到对权利人赔偿的公正合理性。精神损害赔偿已经为很多国家的民事立法所接受。著作权侵权行为不仅损害权利人的财产权，也会损害著作人身权。作者精神权利作为公民人身权益之一种，受不法侵害时，自然也可以责令侵害人予以物质赔偿。很多国家立法确认了精神损害赔偿，不过对其适用条件和赔偿标准均未作出具体规定。我国著作权法没有规定精神损害赔偿，《解释》虽对民事侵权精神损害赔偿规定了指导性原则，但其在适用条件和保护对象方面存在诸多缺陷，不能满足司法实务的需要。

著作权侵权法定赔偿制度在司法运作中过度依赖审判权的自由裁量，致其偏离公平效率的价值取向、弱化损害填补的功能构造。从立法完善角度出发，著作权侵权法定赔偿制度在适用顺位上应与其他计算方式并行不悖、平行适用；在区间范围上应框定合理的上下限；尤为重要的是，应赋予法定赔偿制度以客观计算标准，使其摆脱法官裁量毫无具体标准可循的司法困境。

5.6 判例研究：季怀银等诉当代中国出版社侵犯著作权纠纷案❶

5.6.1 案件事实

2002 年 7 月，季怀银、高燕凌、刘其昌、王小红、赵志伟与他人合作编写了《税收征管全书》，其中税收征收管理法实施细则释义的作者是季怀银、高燕凌、刘其昌，其他部分作者为王小红、赵志伟、季怀银、刘其昌。该书于 2002 年 9 月由中国财政经济出版社出版发行。全书共 3500 千

---

❶ 民事判决书（2003）一中民初字第 8398 号。

字，分上、中、下三卷。上、中卷的主要内容是《税收征管法》《税收征管法实施细则》、各个税种《条例》的释义和解答，各税种的征收、管理、稽核检查的具体操作办法、政策调整内容，以及纳税人、征税人的权利义务。下卷收录了新中国成立以来现行相关法律、法规等，分综合类、流转税类、所得税类、资源、财产税类等共 12 类。

2002 年 11 月，当代中国出版社根据与孟学文签订的《图书出版合同》出版发行了《纳税筹划全书》。该书定价为每套 880 元（全书共三卷加一电子版），共 2000 千字，分三个部分。第一部分为税收征管实务，第二部分为纳税筹划，第三部分为税收法规。该书所列编委会人员中有龙小燕、严红等姓名，但没有季怀银、高燕凌、刘其昌、王小红、赵志伟等人的姓名。

《税收征管全书》与《纳税筹划全书》有 63 万字相同。相同的 63 万字位于《税收征管全书》的上、中卷和《纳税筹划全书》的第一部分，分别占《税收征管全书》上、中卷字数的 27.6%，占《税收征管全书》全书字数的 18%；占《纳税筹划全书》第一、第二部分字数的 32%，占《纳税筹划全书》全书字数的 31.5%。《税收征管全书》没有《纳税筹划全书》第二部分"纳税筹划"内容，其下卷所收法律、法规和政策及对法律、法规、政策的编排与《纳税筹划全书》第三部分不相同。

季怀银、高燕凌、刘其昌、王小红、赵志伟认为当代中国出版社严重侵犯了其著作权，向北京市第一中级人民法院提起诉讼。

5.6.2 争议焦点

被告侵犯著作权损害赔偿数额是否合理？

5.6.3 裁判理由及判决结果

5.6.3.1 一审裁判

1. 一审法院判决理由

原告季怀银、高燕凌、刘其昌、王小红、赵志伟诉称：2002 年 7 月，原告与他人合作编写了《中华人民共和国税收征管法实施细则与税收征管全书》（简称《税收征管全书》），并于 2002 年 9 月由中国财政经济出版社出版发行。2002 年 11 月，被告当代中国出版社出版发行了《新税收征管法实施细则与纳税筹划实务全书》（简称《纳税筹划全书》），书中有 73 万余字抄袭《税收征管全书》，这部分内容的作者是原告季怀银、高燕凌、刘其昌、王小红、赵志伟。原告认为，被告的行为侵犯了原告依法享有的署名权、复制权和发行权，为此请求判令被告停止侵权，公开致歉，并赔偿因被告侵权给原告造成的经济损失 36.792 万元。

被告当代中国出版社辩称：原告主张的索赔额存在不当之处，（1）《纳税筹划全书》的码洋标价是虚价，含有经销商营销中的折扣等不确定价格成分，实际印数和销售价格均低于所示码洋，该事实有印刷加工合同、复膜厂关于承揽加工 500 套《纳税筹划全书》书封的证明和载有《纳税筹划全书》每套书实际售价 95～140 元不等内容的出库单等证据证明。（2）即便我社被认定构成侵权，原告也无权以出版社的市场获利作为索赔标准，该部分权利应由中国财政经济出版社主张，原告无权主张。（3）由于原告已从中国财政经济出版社获得了基本稿酬，该部分稿酬权利已经用尽，原告如有损失也仅限于印数稿酬部分，原告主张经济损失 36.792 万元，没有依据。综上，我社未侵犯原告的著作权，不同意原告的诉讼请求。

北京市第一中级人民法院经审理认为：根据出版行业的交易习惯，出版销售额即图书价格应当包括支付给作者的稿酬、图书出版成本和市场利润三项，其中稿酬所得属于作者，而其他价值部分应属于出版者，据此，原告以被告的出版获利推定为原告直接损失的主张，请求范围过大，被告抗辩成立，对原告的这一主张本院不予采纳，同时将依据有关的损害赔偿方法，结合被告侵权过错程度，以及损害后果确定赔偿数额。由于被告未经许可使用了原告作品，侵犯了原告的原作品著作权，损害赔偿的计算理应包括基本稿酬部分，被告以合法状态下的基本稿酬的获酬权一次用尽原则比附侵权赔偿。

2. 裁判结果

北京市第一中级人民法院依照我国《著作权法》第 10 条第 1 款第（二）、（五）、（六）项以及第 2 款，第 47 条第（一）项之规定，判决被告当代中国出版社赔偿原告季怀银、高燕凌、刘其昌、王小红、赵志伟经济损失 17.01 万元；被告当代中国出版社在《中国新闻出版报》上，就其侵权行为向原告季怀银、高燕凌、刘其昌、王小红、赵志伟公开赔礼道歉。

季怀银、高燕凌、刘其昌、王小红、赵志伟及当代中国出版社均不服一审判决，向北京市高级人民法院提起上诉。

5.6.3.2 二审裁判

1. 二审法院判决理由

季怀银、高燕凌、刘其昌、王小红、赵志伟及当代中国出版社均不服一审判决，向本院提起上诉。季怀银、高燕凌、刘其昌、王小红、赵志伟请求对一审判决予以改判，判令当代中国出版社：（1）按照国家规定的原创作品基本稿酬标准 100 元/千字的 5 倍即 31.5 万元赔偿；（2）支付侵犯署名权赔偿金 2 万元；（3）承担律师费用和全部的诉讼费用。季怀银、高燕凌、刘其昌、王小红、赵志伟的上诉理由是：当代中国出版社的侵权行为严重，特别是《纳税筹划全书》第一部分第二编第二章《中华人民共和国税收征收管理法实施细则释义》共 21.34 万字与著作权人的作品完全相同，属于整版抄袭，情节特别严重。

当代中国出版社请求撤销一审判决：（1）赔偿经济损失 17.01 万元；（2）在《中国新闻出版报》上，就其侵权行为向原告季怀银、高燕凌、刘其昌、王小红、赵志伟公开赔礼道歉；公正判定案件受理费的承担。其上诉理由是：（1）现有证据不能确认季怀银、高燕凌、刘其昌、王小红、赵志伟具有就全部被抄袭文字请求权利保护的主体资格；（2）季怀银、高燕凌、刘其昌、王小红、赵志伟在与中国财政经济出版社的出版合同有效期内的经济权利仅限于取得稿酬的权利，也只有就稿酬所受损失要求赔偿的权利，一审判决支持其索赔请求是错误的；（3）当代中国出版社已尽合理注意义务，不具有侵权的过错，判令其承担赔偿损失和公开赔礼道歉，无法律依据；（4）仅以当代中国出版社为唯一被告，难以查明侵权事实，应驳回季怀银、高燕凌、刘其昌、王小红、赵志伟的诉讼请求；（5）一审判决判令当代中国出版社赔偿 17.01 万元于法无据，判令其承担全部案件受理费，明显不公。

北京市高级人民法院认为：在一审诉讼中，季怀银、高燕凌、刘其昌、王小红、赵志伟已提交证据证明其为《税收征管全书》的作者，当代中国出版社对此亦予以认可，故当代中国出版社关于现有证据不能确认季怀银、高燕凌、刘其昌、王小红、赵志伟具有就全部被抄袭文字请求权利保护的主体资格的上诉主张不能成立。季怀银、高燕凌、刘其昌、王小红、赵志伟对《税收征管全书》一书所享有的著作权受法律保护。

出版者对其出版行为的授权、稿件来源和署名、所编辑出版物的内容应尽合理注意义务。在未经许可的情况下，《纳税筹划全书》使用《税收征管全书》一书大量内容，构成对季怀银、高燕凌、刘其昌、王小红、赵志伟著作权的侵犯。

出版合同没有明确专有出版权内容的，出版者享有在合同有效期限内和在合同约定的地域范围内以同种文字的原版、修订版出版图书的专有权利。中国财政经济出版社与季怀银、高燕凌、刘其昌、王小红、赵志伟关于《税收征管全书》的出版合同没有明确约定专有出版权的内容，故中国财政经济出版社对《税收征管全书》一书所享有的是以同种文字的原版、修订版复制、发行图书的专有权利。《纳税筹划全书》使用《税收征管全书》一书的内容仅占《税收征管全书》一书全部内容的18%，该部分内容亦不足以构成《税收征管全书》及《纳税筹划全书》的实质内容，因此《纳税筹划全书》的出版不会直接损害中国财政经济出版社对《税收征管全书》的市场独占地位，其侵害的是著作权人所享有的合法权益。一审判决认定当代中国出版社侵犯了季怀银、高燕凌、刘其昌、王小红、赵志伟对原作品享有的署名权、复制发行权及获得报酬权，应承担停止侵权、赔礼道歉、赔偿损失的民事责任是正确的。

侵权人的赔偿应与被侵权人的损失相当。一审法院根据国家有关部门规定的稿酬标准，结合当代中国出版社侵权过错程度以及损害后果确定本案当代中国出版社的赔偿数额并无不妥。季怀银、高燕凌、刘其昌、王小红、赵志伟及当代中国出版社关于赔偿数额的主张不能成立。季怀银、高燕凌、刘其昌、王小红、赵志伟在一审诉讼中没有就律师费用提出索赔要求，故对其要求当代中国出版社赔偿律师费的主张亦不予支持。

2. 裁判结果

北京市高级人民法院认为：一审判决认定事实清楚，适用法律正确，上诉人的上诉理由不能成立，对其上诉请求，不应支持。依据我国《民事诉讼法》第 153 条第（一）项之规定，判决驳回上诉，维持原判。

5.6.4 判例解析

实践中，侵犯著作权的案例千差万别，侵权损害赔偿的计算方法对于侵犯文字作品著作权案，尤其对图书出版者来说具有较强的借鉴意义，但是损害赔偿数额的确定却是司法实践中最难的，通过对本案件的分析，可以对著作权侵权赔偿范围和数额进行预测，对于其他类的作品侵权也有理论上的指导意义。

5.6.4.1 *法律规定的赔偿方式*

《著作权法》第 49 条规定：侵犯著作权或者与著作权有关的权利的，侵权人应当按照权利人的实际损失给予赔偿；实际损失难以计算的，可以按照侵权人的违法所得给予赔偿。赔偿数额还应当包括权利人为制止侵权行为所支付的合理开支。权利人的实际损失或者侵权人的违法所得不能确定的，由人民法院根据侵权行为的情节，判决给予 50 万元以下的赔偿。

那么根据该规定赔偿的计算方式有三种：（1）以被侵权人实际损失计算；（2）以侵权人违法所得计算；（3）法定赔偿，由法院根据情况判决给予 50 万元以下的赔偿。这三种计算方式是有顺序的，第一以被侵权人实际损失计算，第二以侵权人违法所得计算，第三进行法定赔偿。只有在前一种方式无法计算时，才考虑下面的计算方式。

5.6.4.2 本案侵权损失赔偿范围及数额的确定

确定著作权赔偿损失的数额有三种计算方法，首先按照权利人的实际损失，其次按照侵权人的违法所得，再次判决给予 50 万元以下赔偿。权利人的实际损失可以按照作品正常许可使用价格的 2 ~ 5 倍确定，作品的正常许可使用价格可以按照国家版权局制定的《出版文字作品报酬规定》确定。

在本案件中，如果季怀银等原告能够证明当代中国出版社的侵权违法所得，原告也可以此数额作为侵权赔偿的数额；但需要注意的是，此处的违法所得应为侵权所获得的利润。此外，原告可以选择是按照自己的实际损失进行赔偿，还是按照侵权人的违法所得进行赔偿；但法院在判决时，如果能够查明原告的实际损失，则不会以被告的违法所得进行判赔，这也是坚持著作权侵权赔偿"填平"原则的又一体现。司法实践中，法定赔偿则适用于对权利人的实际损失和侵权人的违法所得不能查清，或者根据案件的具体情况、依据充分证据、运用市场规律仍然不能确定赔偿数额的情况，故法院对法定赔偿的适用有严格的条件限制。

实践中，部分作者和出版社对侵犯著作权损失赔偿问题存在认识上的误差。以本案说法，对这个作者和出版社在著作权侵权纠纷中往往最关心的问题进行阐释。

（1）按照《出版文字作品报酬规定》及"2 ~ 5 倍"的规定计算原告的实际损失。按照该规定，支付报酬可以选择基本稿酬加印数稿酬，或版税，或一次性付酬的方式。基本稿酬加印数稿酬，指出版者按作品的字数，以千字为单位向作者支付基本稿酬，再根据图书的印数，以千册为单位按基本稿酬的一定比例向著作权人支付印数稿酬。印数稿酬一般都较少，计算侵权赔偿时往往被忽略不计。版税，指出版者以图书定价×发行数×版税率向作者付酬的方式。原创作品的基本稿酬为每千字 30 ~ 100 元，版税率为 3% ~ 10%。

首先按照基本稿酬计算：

630 千字（侵权字数）× 30 元／千字（最低稿酬标准）× 2 倍（最低倍数）= 37800 元

630 千字（侵权字数）× 30 元／千字（最低稿酬标准）× 5 倍（最高倍数）= 94500 元

630 千字（侵权字数）× 100 元／千字（最高稿酬标准）× 2 倍（最低倍数）= 126000 元

630 千字（侵权字数）× 100 元／千字（最高稿酬标准）× 5 倍（最高倍数）= 315000 元

故按照基本稿酬计算，本案原告可以在 31500 ~ 378000 元之间主张赔偿损失的数额。

其次按照版税计算：

880 元／套（图书定价）× 2000 套（图书印数）× 3%（最低版税率）×（630 千字／2000 千字）（侵权比例）× 2 倍（最低倍数）= 33264 元

880 元／套（图书定价）× 2000 套（图书印数）× 3%（最低版税率）×（630 千字／2000 千字）（侵权比例）× 5 倍（最高倍数）= 83160 元

880 元／套（图书定价）× 2000 套（图书印数）× 10%（最高版税率）×（630 千字／2000 千字）（侵权比例）× 2 倍（最低倍数）= 110880 元

880 元／套（图书定价）× 2000 套（图书印数）× 10%（最高版税率）×（630 千字／2000 千字）（侵权比例）× 5 倍（最高倍数）= 277200 元

故按照版税计算，本案原告可以在 277200 ~ 33264 元之间主张赔偿损失的数额。

上述案例中，在原告没有证明其和第三人约定的许可使用价格时，根据《出版文字作品报酬规定》，其可以在 315000 ~ 33264 元之间主张权利，即其实际损失最多为 315000 元。

对于权利人的实际损失，还应当注意一次性付酬的规定。如在上述案例中，假如季怀银等原告与另一出版社约定的是一次性付酬的方式，而且该约定已经履行，则当代中国出版社的侵权行为并没有给原告造成实际或者预期的经济损失，按照民事侵权的"填平"原则，没有损失就不应当获得赔偿，故原告将无权获得经济赔偿，但其可以要求当代中国出版社停止侵权和赔礼道歉。

（2）计算侵权人的违法所得以确定原告可以向被告主张赔偿损失的数额。一般说来，图书价格应当包括支付给作者的稿酬、图书的出版成本和图书的市场利润三项。根据出版惯例，出版社的净利润往往不超过图书价格的30%，此即净利润率。这样，则可以计算出本案例中当代中国出版社的侵权违法所得：880元/套（图书定价）×2000套（图书印数）×（630千字/2000千字）（侵权比例）×30%（最高净利润率）=166320元。

综合上述权利人的实际损失和侵权人的违法所得计算出来的数据，按照原告可以选择对己有利的计算方式和数额的原则，上述案例中季怀银等原告向被告主张315000元是以其实际损失计算出来的。而法院判决赔偿的170100元则是以原创作品每千字90元为标准，再以3倍确定的。

5.6.4.3 本案对著作权侵权损害赔偿的启示

以上计算步骤虽然烦琐，但对于原被告来说，按此步骤计算还是很有必要的。毕竟，著作权侵权赔偿远比法律规定的要复杂得多，作为双方当事人，应当知道被侵权方最低和最高能获得多少赔偿，以及在什么范围内赔偿。实践中，侵犯著作权的案例千差万别，上述计算方法对于侵犯文字作品著作权案，尤其对图书出版者来说具有较强的借鉴意义，对于其他类的作品侵权也有理论上的指导意义。

在我国著作权案件司法实践中，著作权侵权损害赔偿的认定主要是贯彻全部赔偿原则及法定赔偿原则。全部赔偿原则，是指著作权损害赔偿责任的范围，应当以加害人侵权行为所造成损害的财产损失范围为标准，承担全部责任。也就是说侵权行为所造成的损失应当全部赔偿，赔偿应以侵权行为所造成的损失为限。因此赔偿损失的功能主要是一种补偿，一种利益的"弥补"和"填平"；所以就要求以受害人的全部损失或损害为标准来赔偿。法定赔偿原则，在权利人的实际损失和侵权人的违法所得无法确定的情况下，由审判员考虑各方面因素综合酌定损失赔偿额。一般应当考虑以下要素：第一，通常情况下，原告可能的损失或被告可能的获利；第二，作品的类型，合理许可使用费，作品的知名度和市场价值，权利人的知名度，作品的独创性程度等；第三，侵权人的主观过错、侵权方式、时间、范围、后果等。

（1）损害赔偿的范围。

著作权侵权损害赔偿的范围，按照全部赔偿原则，即指因侵权造成著作权权利人全部实际损失的范围。凡侵权损失，不外乎是指侵权行为造成权利人现有财产的减少或丧失，以及可得利益的减少或丧失。通常又分为侵权损害的直接损失和间接损失。除了著作权造成的财产损失外，著作权的损害赔偿还包括著作权人身精神权益的精神损害赔偿。

①直接损失，指对侵权直接造成的著作权使用费等收益减少或丧失的损失；因调查、制止和消除不法侵权行为而支出的合理费用；因侵犯著作权人身精神权益而造成的财产损失。

②间接损失，即指权利人受到侵害的著作权在一定范围内的未来财产利益的损失，它属于《民法通则》第117条第3款规定的受害人因此遭受其他重大损失的，侵害人并应当赔偿损失中规定的"其他重大损失"的范围。著作权的间接损失是由于造成了权利人不能正常利用该著作权进行经营活动而遭受的。

③精神损害，著作权人身精神权益的赔偿主要指著作权的精神损害的赔偿。在侵权人侵犯著作权人人身权或者表演者人身权情节严重情形下，判令侵权人向著作权人或表演者支付一定数额的精神损害抚慰金。

（2）损害赔偿计算的注意事项。

①依据著作权人实际损失确定赔偿数额时应注意的问题。一般认为，著作权侵权中，直接损失是指著作权人为创作或发行作品所支出的费用；间接损失是指著作权人创作、发行作品在未遭受侵权的情况下可能获得的合理预期收入；其他损失是指著作权人为调查和制止侵权行为及在著作权侵权诉讼过程中所支出的调查费、鉴定费、律师费、交通费、材料费等必要支出的费用。

在著作权侵权案件赔偿数额确定过程中，对间接损失、其他损失部分的赔偿司法实践中尚无异议。但对于直接损失部分是否应予赔偿持不同意见。

著作权人创作、发行作品所支出的费用即使是在未发生侵权行为的情况下也会发生。因为，著作权人为了创作作品并使其问世，必然要支出一定的人力、物力、财力，而且这些可能是在侵权行为尚未发生前就已经支出了，而且是必需的。将该项支出归责于侵权人看似显失公平。但为了充分保护著作权人的权利，将该项支出在发生侵权行为后由侵权人赔偿会起到警示作用，能预防侵权行为的发生。

另外，我国《民法通则》中的侵权赔偿一般仅具有补偿性，不具有惩罚性。从"惩罚"二字看，其根本目的就是为了惩罚侵权人的侵权行为，并同时起到预防侵权行为再次发生的预警作用，为了充分保护著作权人的权利，预防著作权侵权行为的发生，应当将著作权人的直接损失计入侵权损害赔偿之中，使著作权侵权损害赔偿具有惩罚性。这样才有利于在知识经济时代充分保护著作权人的权利。

②以侵权人违法所得进行赔偿时应当注意的问题。实际损失难以计算的，根据《著作权法》第49条的规定，可以按照侵权人的违法所得给予赔偿。

实践中，侵权人在提出证据证明自己并未因侵犯著作权的行为而获利时，往往用实际经营额或收入总额扣除自己在实施侵权行为过程中所支付的成本费用的差额作为自己的实际利润总额。这样的结果是侵权人往往未实际获得利润，有时甚至是"赔本"的。其结果是：既然侵权人没有违法所得，那么以侵权人违法所得来计算损害赔偿数额也就失去了根据。

所以，在依据侵权人的违法所得计算著作侵权损害赔偿数额时，应当以侵权人的实际经营额或收入总额为依据，并将侵权人在实施侵权行为过程中可能获得利润的机会考虑进去。这样做，实际的问题就会变成操作上的问题，而非法律上的公平性问题，需要的仅仅是操作方法问题。

③在著作权侵权损害实行法定赔偿适用的过程中应当注意以下问题。著作权侵权赔偿方法的适用顺序是优先考虑权利人受损和侵权人获利这两种计算方法，只有在损失与获利都不能查明时，法院才可以基于当事人要求赔偿的诉讼请求，选择适用法定赔偿方法。

关于法定赔偿数额的规定，我国《著作权法》第49条规定"由人民法院根据侵权行为的情节，判决给予五十万元以下的赔偿"。这里只规定了上限，并没有下限规定，使得定额赔偿的使用过程中往往参差不齐、法官的自由裁量权过多而存在滥用的可能性。

同时，在适用法定赔偿中，一些相关因素也应当加以考虑，如侵权产品和被侵权产品的类型、市场价值和评估价值，侵权人的主观过错、侵权情节（侵权持续时间、范围、后果、市场分割及社会影响），权利人因侵权所受的商誉和精神损害等因素。这些酌定因素在量化到赔偿数额时，占最终所获赔偿数额的比值应是多少，笔者以为以不超过半数为限制，这样在确定最终赔偿时，可以分清主次。

因为著作权侵权案件赔偿计算的复杂性，在实践中对赔偿的计算方式有千百种不同，各个地方，甚至是同一个地方的两个法院在实践中都会有不同的计算方式。所以著作权侵权损害赔偿的范围和数额的确定是一件很复杂的事情，也是司法界的难题，值得反复推敲。

第6章

商标侵权损害赔偿判例研究

6.1　理论概说和司法现状

在侵害商标权的民事诉讼中，侵权行为的认定与损害赔偿责任的承担是原被告双方争论的两大焦点问题。对于绝大多数的商标权人而言，证明侵权行为成立只是主张利益救济的基本前提，追究侵权人的损害赔偿责任才是诉讼的本来意义。由于对损害赔偿数额的裁判缺乏清晰的说理和严密的推论，法官往往陷入一种"说不清道不明"的两难境地，其判赔结果要么无法令被告方充分信服，要么与原告方的预期存在明显差距。❶ 作为对我国商标权领域整体赔偿水平低的现状的回应，我国在新修订的商标法中开创性地将惩罚性赔偿纳入民事责任体系，同时将法定赔偿的最高上限由50 万元大幅增加至 300 万元。

我国《商标法》第 63 条第 3 款规定权利人因被侵权所受到的实际损失、侵权人因侵权所获得的利益、注册商标许可使用费难以确定的，由人民法院根据侵权行为的情节判决给予 300 万元以下的赔偿。这是我国商标法对法定赔偿的规定。从法定赔偿的具体适用情况看，绝大多数法院都对

---

❶ ［德］弗兰克 A. 哈梅尔. 中国法院对知识产权法的实施——兼论对损害赔偿和费用承担的主张［J］. 徐楷行，译. 中德法学论坛，2010（8）.

商标权法定赔偿应当考量的因素进行了简单的罗列，主要包括侵权人的侵权情节和性质、主观过错、经营规模、涉案商标的知名度、涉案产品的市场价值以及原告的合理维权支出等，但却未能就所列因素与法定赔偿数额之间的因果关联关系做更加细致的说明。法定赔偿在商标侵权案件中运用广泛可以说是商标权人举证不能的结果，但是法定赔偿的适用并不是无条件地支持，法定赔偿是一种在当事人难以准确界定损害数额情况下的推定性计算方法，在适用法定赔偿的同时并不当然地排除商标权人对损失的证明责任。❶

6.2 判例研究：宝马股份公司与深圳市世纪宝马服饰有限公司、傅献琴、家润多公司侵犯注册商标专用权及不正当竞争纠纷案❷

6.2.1 案件事实

原告宝马公司成立于 1916 年 2 月 19 日德意志联邦共和国慕尼黑市。1987 年 3 月 30 日，德意志联邦共和国贝伐利施机动车工厂股份公司在第 12 类"机动车辆、摩托车及其零件"商品上向中华人民共和国国家工商行政管理局商标局申请的"BMW""BMW 及图"商标获准注册，注册号分别为 282196、282195。该两商标分别于 1997 年 3 月 30 日和 2007 年 3 月 20 日经中华人民共和国国家工商行政管理局商标局两次核准续展，有效期至 2017 年 3 月 29 日。上述商标于 2004 年 6 月 29 日经中华人民共和国国家工商行政管理总局商标局核准，注册人名义变更为宝马股份公司（BAY-ERISCHE MOTOREN WERKE AKTIENGESELLSCHAFT）。1995 年 10 月 21 日，德意志联邦共和国贝伐利施机动车工厂股份公司在第 12 类"机动车辆、摩托车及其零配件"商品上向中华人民共和国国家工商行政管理局商

❶ 参见（2010）浦民三（知）初字第 803 号民事判决书。
❷ 中国知识产权裁判网站. http://ipr.court.gov.cn/. 湖南省高级人民法院（2009）湘高法民三初字第 1 号。

标局申请的"寶馬"商标获准注册，注册号为784348。该商标于2004年6月29日经中华人民共和国国家工商行政管理总局商标局核准，注册人名义变更为宝马股份公司（BAYERISCHE MOTOREN WERKE AKTIENGESELL-SCHAFT）。该商标于2006年4月3日经中华人民共和国国家工商行政管理总局商标局核准续展，有效期至2015年10月20日。原告在其汽车等产品上长期使用""（实际使用为蓝白造型）"BMW""寶馬"商标，2001年至2006年《财富》（中文版）连续六年刊登原告为世界500强企业，其2004年、2005年、2006年度全球营业收入分别为55142200000美元、57973100000美元、61476700000美元，全球营业利润分别为2763600000美元、2782100000美元、3598300000美元。原告的BMW（宝马）汽车行销全球，原告以及原告的BMW（宝马）汽车广为中国相关公众所知晓。

被告世纪宝马公司成立于2004年12月27日，法定代表人翁振拓，注册地深圳市宝安区沙井镇黄埔村南环路黄埔润和工业区A栋2楼，其运营管理中心位于北京市大兴区南苑东高地北树桥京都酒厂8号楼。2004年2月28日案外人世纪宝马集团有限公司注册了第3249546号""（MBWL及图）商标，该商标核定使用商品为第25类"皮鞋、服装、皮带（服饰用）、领带、帽、袜、手套（服装）"，并与本案被告世纪宝马公司签订了使用许可合同，许可被告世纪宝马公司使用第3249546""（MBWL及图）商标，进行了备案登记，许可使用期限自2005年3月8日至2010年3月7日。

2008年3月5日，原告发现被告家润多公司阿波罗商业广场设有"世纪宝马"服饰专柜，销售带有""（蓝白造型MBWL及图）商标的服饰商品，并购买了羊毛衫、牛仔裤各一件，取得载明"世纪宝马男装"销售发票一张。在产品的购物袋、内包装袋以及衣服上均贴有""（蓝白造型MBWL及图）商标，其下标注有"MBWL Leisure"文字；衣服吊牌上除印有""（蓝白造型MBWL及图）商标及"MBWL Leisure"外，从上至下还印有以下文字：世纪宝马集团有限公司/中国总代理：深圳市世纪宝马服饰有限公司/地址：深圳市宝安区沙井镇黄埔村南环路黄埔润和工业区 A 栋 2 楼/电话：0755 – 81507678 营销中心 010 – 67998188/网址：WWW. MBWL1961. COM。中华人民共和国湖南省长沙市公证处对被告家润多公司销售的产品及原告的购买行为进行了公证。此外，该产品还在北京、安徽、浙江、山西、辽宁、广西等省市销售。上述商品均由被告世纪宝马公司生产。

原告认为由于注册并使用于汽车商品上的"BMW""BMW 及图""寶馬"经过长期使用和广泛宣传已经在相关公众中具有了很高知名度，属于驰名商标。使用于服装、服饰商品上的"蓝白造型 BMW 及图"经过长期使用和广泛宣传已经构成了原告"BMW Life style"服饰知名商品的特有装潢。世纪宝马公司未经许可擅自使用上述商标的行为侵犯了宝马公司的商标权，并构成不正当竞争。世纪宝马公司未经许可擅自使用"蓝白造型 MBWL 及图"标识构成不正当竞争，擅自使用了包含有"宝马"字样的"世纪宝马集团有限公司"和"深圳市世纪宝马服饰有限公司"企业名称构成不正当竞争。请求判令：（1）被告立即停止使用"MBWL 及图"商标。（2）被告立即停止使用"蓝白构图的 MBWL 及图"标识。（3）被告立即停止使用"世纪宝马集团有限公司"企业名称。（4）被告立即停止使用"深圳市世纪宝马服饰有限公司"企业名称。（5）上述被告共同赔偿原告经济损失 5000 万元。（6）上述被告在全国发行的报纸、期刊上刊登声明，为原告消除影响。

6.2.2　争议焦点

（1）被告世纪宝马公司使用""（蓝白造型 MBWL 及图）商标是否侵犯原告宝马公司"BMW 及图"注册商标专用权；

（2）被告世纪宝马公司使用包含有"宝马"字样的"深圳市世纪宝马服饰有限公司"和"世纪宝马集团有限公司"企业名称是否构成对原告宝马公司的不正当竞争；

（3）被告家润多公司销售带有""（蓝白造型 MBWL 及图）商标的服装、服饰商品，被告傅献琴将自己的银行帐户提供给被告世纪宝马公司使用，是否共同侵犯了原告宝马公司的注册商标专用权，并构成不正当竞争；

（4）本案侵权的民事责任如何确定。

6.2.3 判决理由

（1）被告世纪宝马公司使用""（蓝白造型 MBWL 及图）商标是否侵犯原告宝马公司"BMW 及图"注册商标专用权。根据确定的事实以及权利保护的需要，原告宝马公司在第 12 类"机动车辆、摩托车及其零件"商品上核准使用的""（BMW 及图）"BMW""寶馬"商标已处于事实上的驰名状态，因此本院依法认定原告宝马公司注册号分别为282196、282195、784348 的""（BMW 及图）"BMW""寶馬"注册商标为驰名商标。宝马公司作为上述驰名商标的权利人，其合法权利应当依法受到法律保护。被告世纪宝马公司在其服饰产品上使用的""（蓝白MBWL 及图）商标与原告宝马公司第 282196 号""（BMW 及图）商标进行比较，两者已构成混淆性近似，足以使相关公众对使用驰名商标和被诉商标的商品来源产生误认。被告世纪宝马公司在明知原告注册商标已具有较高知名度和美誉度以及具有广泛影响的情况下，模仿原告宝马公司的驰名商标在产品上使用""商标，具有明显的主观故意。因此被告世纪宝马公司使用""（蓝白造型 MBWL 及图）"MBWL""宝马"图形及文字的行为侵害了原告宝马公司"BMW 及图""BMW""宝马"注册商标专用权。

（2）被告世纪宝马公司使用包含有"宝马"字样的"深圳市世纪宝马服饰有限公司"和"世纪宝马集团有限公司"企业名称是否构成对原告宝马公司的不正当竞争。❶

（3）被告家润多公司、被告傅献琴的行为是否构成商标侵权和不正当竞争。

《中华人民共和国商标法实施细则》第 50 条规定："故意为侵犯他人注册商标专用权行为提供仓储、运输、邮寄、隐匿等便利条件的"，属于

---

❶ 不正当竞争行为不是本文的研究内容，故略去。

商标法第 52 条第（五）项所称的侵犯注册商标专用权的行为。《最高人民法院关于贯彻执行中华人民共和国民法通则若干问题的意见（试行）》第 148 条规定："教唆、帮助他人实施侵权行为的人，为共同侵权人，应当承担连带民事责任。"本案中，被告世纪宝马公司指定全国各地加盟店、专卖店将加盟金及货款汇入以"傅献琴"名义设立的中国工商银行、中国农业银行、中国交通银行、中国建设银行的银行卡中。被告傅献琴作为世纪宝马公司财务人员，应当知道企业的货款必须通过企业的账号进行收支，但仍将自己开设的银行账号提供给被告世纪宝马公司使用，因而对世纪宝马公司利用其银行账号收取货款的事实是明知的。而宝马（BMW）商标、宝马公司在相关公众中具有非常高的知名度，被告傅献琴作为世纪宝马公司的工作人员，也应当明知世纪宝马公司所从事的经营活动存在侵犯他人合法权益的情况，却仍以自己名义设立银行账户为世纪宝马公司收取货款，因而傅献琴主观上存在过错。显然，被告傅献琴提供银行账号供被告世纪宝马公司使用，为世纪宝马公司实施商标侵权和不正当竞争行为提供了极其重要的便利条件，使被告世纪宝马公司通过侵权行为获得的非法利益更为隐蔽，更难以被发现。因此被告傅献琴的行为同样构成对原告宝马公司的商标侵权和不正当竞争，应当对其提供帮助侵权的行为承担停止侵权、赔偿损失的法律责任。被告家润多公司作为一家大型的商业零售企业，应当明知原告的企业名称及商标的知名度，仍然销售侵权商品，亦构成对原告宝马公司的商标侵权和不正当竞争，应立即停止其侵权行为。

（4）关于本案侵权民事责任的确定。被告世纪宝马公司、傅献琴的行为侵犯了原告宝马公司的注册商标专用权，并构成不正当竞争，应当承担停止侵权、赔偿损失的民事责任。《中华人民共和国商标法》第 56 条规定："侵犯商标专用权的赔偿数额，为侵权人在侵权期间因侵权所获得的利益，或者被侵权人在被侵权期间因被侵权所受到的损失，包括被侵权人为制止侵权行为所支付的合理费用。侵权人所获得的利益，或者被侵权人因被侵权所受到的损失难以确定的，由人民法院根据侵权行为的情节判决给予五十万元以下的赔偿。"《中华人民共和国反不正当竞争法》第 20 条规定："经营者违反本法规定，给被侵害的经营者造成损害的，应当承担损害赔偿责任，被侵害的经营者的损失难以计算的，赔偿额为侵权人在侵权期间因侵权所获得的利润；并应当承担被侵害的经营者因调查该经营者侵害其合法权益的不正当竞争行为所支付的合理费用。"最高人民法院《关于审理不正当竞争民事案件应用法律若干问题的解释》第 17 条第 1 款规定："确定不正当竞争法第五条、第九条、第十四条规定的不正当竞争行为的损害赔偿额，可以参照确定侵犯注册商标专用权的损害赔偿额的方法进行。"本案中原告宝马公司主张被告世纪宝马公司、傅献琴共同赔偿其经济损失 5000 万元，但未能提供具体的损失依据，亦未能提供被告世纪宝马公司、傅献琴侵权获利的证据，因此本院根据被告世纪宝马公司侵权时间较长、侵权范围广、侵权情节严重以及原告宝马公司涉案商标为驰名商标及企业具有较高知名度等因素，酌情确定侵权损害赔偿数额。

6.2.4 判决结果

（1）被告深圳市世纪宝马服饰有限公司、家润多商业股份有限公司立即停止在其经营场所及生产、销售的服饰产品上使用"▣"（蓝白造型 MBWL 及图）的侵犯原告宝马股份公司注册商标专用权的行为；

（2）被告傅献琴立即停止侵犯原告宝马股份公司注册商标专用权及不正当竞争的行为；

（3）被告深圳市世纪宝马服饰有限公司立即停止在其经营场所及生产、销售的服饰产品上使用含有"宝马"字样的"世纪宝马集团有限公司"企业名称的不正当竞争行为；

（4）被告深圳市世纪宝马服饰有限公司自本判决生效之日起 30 日内停止在其企业名称中使用含有"宝马"字样的不正当竞争行为；

（5）被告深圳市世纪宝马服饰有限公司、傅献琴自本判决生效之日起 10 日内共同赔偿原告宝马股份公司经济损失人民币 500000 元；

（6）被告深圳市世纪宝马服饰有限公司、傅献琴、家润多商业股份有限公司自本判决生效之日起 10 日内在一份全国公开发行的报纸上刊登致歉声明，消除影响；

6.2.5　判例解析

从案例中我们不难看出，商标损害赔偿的适用往往要认定是否侵犯商标专用权，而要适用法定赔偿，❶ 必须与证据认定的侵权客观后果以及侵权人的主观过错程度相结合。

我国新商标法规定侵犯商标专用权的赔偿数额，按照权利人因被侵权所受到的实际损失确定；实际损失难以确定的，可以按照侵权人因侵权所获得的利益确定；权利人的损失或者侵权人获得的利益难以确定的，参照该商标许可使用费的倍数合理确定。对恶意侵犯商标专用权，情节严重的，可以在按照上述方法确定数额的一倍以上三倍以下确定赔偿数额。赔偿数额应当包括权利人为制止侵权行为所支付的合理开支。

人民法院为确定赔偿数额，在权利人已经尽力举证，而与侵权行为相关的账簿、资料主要由侵权人掌握的情况下，可以责令侵权人提供与侵权行为相关的账簿、资料；侵权人不提供或者提供虚假的账簿、资料的，人民法院可以参考权利人的主张和提供的证据判定赔偿数额。权利人因被侵权所受到的实际损失、侵权人因侵权所获得的利益、注册商标许可使用费难以确定的，由人民法院根据侵权行为的情节判决给予三百万元以下的赔偿。❷ 法律规定法定赔偿的适用是在权利人举证不能的情况下，由法官自由裁量来确定法定赔偿数额，要根据案件事实、以"弥补损失"原则为限来计算。而新法提升了最高赔偿额是加大了对商标专用权的保护。

本案中法院在详细地论证了被告商标侵权后对于民事赔偿是寥寥数语，本案中原告并未对因商标侵权而受到的损失和被告侵权所获得的利益予以证明，法院根据被告世纪宝马公司侵权时间较长、侵权范围广、侵权情节严重以及原告宝马公司涉案商标为驰名商标及企业具有较高知名度等因素最终适用了法定最高赔偿额。但未对侵权行为和法定赔偿之间的关系

❶ 此案件发生时新法尚未颁行，适用旧法法定赔偿额 50 万元。

❷ 《商标法》第 63 条的规定。

进行论证。在知识产权侵权纠纷案中，如何确定侵权赔偿数额一直以来都是一个难题。我国商标法确立了"损失""获利""许可使用费""法定赔偿"四种侵权赔偿数额的计算方式。然而在我国司法实践中法定赔偿是最主要的方式并且权利人获赔的数额整体较低。

我国商标法经过三次草案后将法定赔偿额从 50 万元提升到 300 万元，其立法目的在于提高商标侵权的违法成本，而这 300 万元的上限数额是否能达到立法目的尚值得商榷。我认为司法实践中，法定赔偿数额偏低的症结并不在于《商标法》将法定数额的上限设定为 50 万元，主要是缺乏佐证"侵权行为的情节"的证据，从而使得法定赔偿数额的确定失去了事实基础。因此权利人的维权能力，尤其是证据搜集能力显得尤为重要。需要注意的是，法定赔偿只是确定侵权赔偿数额的方式之一，法官更愿意引导权利人以遭受损失、侵权获利或许可使用费的倍数的方式来确定侵权数额。而即使是在适用法定赔偿的计算方式时也应当具体分析案件的侵权行为情节，而不是纯粹地适用上限。

6.3　判例研究：广东原创动力文化传播有限公司诉被告北京八里桥新世纪百货配送中心侵害商标权纠纷案

6.3.1　案件事实

资讯港管理有限公司于 2009 年 12 月 21 日核准注册了第 5796301 号"喜羊羊与灰太狼"商标（以下简称涉案商标），核准商品使用类别为第 28 类。2014 年 1 月 1 日，资讯港管理有限公司将涉案商标授权原告使用，并同时授权原告以自己的名义对侵犯其知识产权的侵权纠纷提起诉讼。2014 年 5 月，原告发现被告八里桥配送中心销售假冒涉案商标的玩具，销售价格低于原告同类商品的价格。原告认为被告的行为构成对涉案商标注册商标专用权的侵犯，故诉至法院要求判令被告：（1）停止销售侵权产品；（2）赔偿原告经济损失 10000 元（其中包含原告为制止侵权行为所支付的律师费 3000 元、公证费 1000 元、购买侵权产品费用 35 元）；（3）承担本案诉讼费。

6.3.2　争议焦点

北京八里桥新世纪百货配送中心是否侵犯了原告"喜羊羊与灰太狼"商标专用权。

6.3.3　裁判理由

依据《中华人民共和国商标法》的相关规定，经依法核准注册的商标为注册商标。资讯港管理有限公司经核准注册取得了第 5796301 号注册商标的权利，并将该商标的权利转授权给原告，故原告就涉案商标享有权利，并有权就他人侵犯该商标权利的行为提起诉讼。

商标的使用是将商标用于商品、商品包装或者容器以及商品交易文书上，或者为了商业目的将商标用于广告宣传、展览以及其他商业活动中，用于识别商品来源的行为。未经商标注册人许可，在同一种商品上使用与注册商标相同或相近似的商标，容易导致混淆的，属于侵犯注册商标专用权的行为。本案涉案商品外包装上多处使用了"喜羊羊与灰太狼"文字，使用方式突出、显著，该种使用方式起到区别商品来源的作用，构成商标法意义上的使用。经比对，涉案商品上所使用的"喜羊羊与灰太狼"与涉案商标虽字体上有差别，但字音、字义相同，与涉案商标构成近似，易导致消费者混淆。涉案商品是在公证人员的监督下购买的，被告认可公证书后所附收据和货单系由被告出具。根据公证证据的证明力效力，法院认定涉案商品是由被告销售的，涉案商品未经权利人许可，在同一种商品上使用与原告注册商标相近似的商标，构成对原告注册商标专用权的侵犯。被告销售侵犯原告注册商标专用权的商品，亦构成对原告注册商标专用权的侵犯。被告未提供证据证明其销售涉案商品有合法的进货来源。综上，被告应对其侵权行为承担停止侵权、赔偿损失的民事责任。关于赔偿数额，原告未提交证据证明其因侵权所受损失或者被告因侵权所获利益，法院将综合考虑被告的经营规模、涉案商品的销售价格、主观过错程度等因素对赔偿数额予以酌定。原告购买涉案商品的费用，法院予以支持。原告因维权支付的公证费及律师费，本院将根据合理性和必要性的原则予以酌定。

6.3.4 判决结果

（1）被告北京八里桥新世纪百货配送中心于本判决生效之日起立即停止销售使用"喜羊羊与灰太狼"商标的玩具；

（2）被告北京八里桥新世纪百货配送中心于本判决生效之日起 10 日内赔偿原告广东原创动力文化传播有限公司经济损失及合理支出共计 7000 元；

（3）驳回原告广东原创动力文化传播有限公司其他诉讼请求。

6.3.5 判例解析

此案例中主要是被告对"喜洋洋和灰太狼"商标专用权侵权的认定，而原告对损失的求偿的要求也低于对商标侵权的认定，因此也没有举证证明自己的损失及被告的获利，法院根据法定赔偿发挥自由裁量权，综合考虑被告的经营规模、涉案商品的销售价格、主观过错程度等因素对赔偿数额予以酌定。此案发生在商标法修改之后，当权利人的损失或者侵权人获得的利益难以确定的，可参照该商标许可使用费的倍数合理确定。本案法院并没有适用此项规定也没有提及，而是根据法定赔偿来处理，这一点有待斟酌。

6.4 判例研究：原告雅斯·埃内西有限公司与被告孙学坤、烟台皇家路易酒业有限公司侵害注册商标专用权纠纷案

6.4.1 案件事实

原告是世界著名葡萄酒的生产商，其生产干邑的历史可以追溯至公元 1765 年，迄今已有 250 多年的历史。其中轩尼诗 VSOP、轩尼诗·XO、轩尼诗·百乐廷（Hennessy PARADIS）和轩尼诗·李察等均为原告广受欢迎的经典品牌，在世界范围内享有广泛的知名度和极高的影响力。原告于 1870 年创始出世界上第一瓶 XO，由世代相传的调配总艺师精心谱合过百种来自干邑地区内四大顶级葡萄产区的"生命之水"而成，自此奠定 XO

干邑的"Hennessy XO"酒瓶造型的立体注册商标，指定使用商品为"酒精饮料（啤酒除外）；酒（饮料）；含酒精果子饮料；含水果的酒精饮料；果酒（含酒精）；蒸馏酒精饮料；威士忌酒；葡萄酒；杜松子酒；鸡尾酒"等商品项目。该酒瓶系由原告精心设计，造型优雅独特，极具美感，不仅是原告的核心标识，也是原告极为宝贵的无形财产，应受到中国法律的保护。

2013 年 3 月 26 日，在成都市人民北路二段 9 号铁道大酒店举办的"第 88 届全国糖酒商品交易会"展区，在该酒店 8209 号房间即"烟台皇家路易酒业有限公司"展厅，原告代理人在公证员的监督下，购买了"法思曼牌 XO（干邑白兰地）"等酒共六瓶，并当场获取由被告烟台皇家路易酒业有限公司出具的收据一份；同时在现场获取宣传手册一份和名片一张。在原告代理人公证购买的酒类样品中，"法思曼牌 XO（干邑白兰地）"酒的酒瓶形状呈葫芦形，瓶颈细长，瓶身上下分布两个椭圆，瓶身底座周围带有藤蔓似的花纹，该酒瓶形状以及瓶身整体构成与原告的第 3240985 号立体商标高度近似。原告认为，烟台皇家路易酒业有限公司未经原告合法授权，擅自在生产和销售中使用与原告的第 3240985 号立体商标高度近似的商标的行为，侵犯了原告的立体商标专用权，依法应当承担相应的民事责任。

另外，早在 2011 年"全国糖酒商品交易会"上，烟台皇家路易酒业有限公司就曾展出了与原告的第 3240985 号立体商标高度近似的"XO 干邑白兰地"产品，同时，在烟台皇家路易酒业有限公司的官方网站上，以及一些 B2B 网站链接上，烟台皇家路易酒业有限公司均展出与原告的第 3240985 号立体商标高度近似的"XO 干邑白兰地"产品。为此，经原告委托，高露云（北京）知识产权代理有限公司以代理人身份于 2011 年 4 月 13 日向被告发送函件，要求烟台皇家路易酒业有限公司"停止侵权、删除侵权图片"，并承诺"不再侵权"。烟台皇家路易酒业有限公司在收到函件后，于 2011 年 4 月 24 日书面向原告解释称，"网上展示的涉嫌侵权的图片是为了丰富公司网站内容，增强网站吸引力而虚构的，现实中曾搜集类似产品作为宣传样品，仅为营销策略和手段，并承诺不再使用相关图片"。

显然，两被告对其"法斯曼 XO 白兰地"葡萄酒侵犯原告注册商标的性质十分清楚，更是在明知原告及其 Hennessy XO 酒具有较高的知名度和影响力的情况下，恶意仿冒。

原告请求判令两被告：（1）立即停止侵犯原告第 3240985 号""立体商标专用权的行为；（2）销毁全部库存的侵权产品；（3）连带赔偿原告经济损失 50 万元；（4）就其侵权行为在公开媒体上刊登声明以消除影响。两被告承担本案诉讼费用。

6.4.2　争议焦点

（1）被告是否侵犯了原告立体商标"XO 干邑白兰地"商标专用权？

（2）如何确定被告的民事责任？

6.4.3　裁判理由

经审理查明，原告系第 3240985 号""立体商标的注册人，该商标注册有效期限自 2006 年 1 月 21 日至 2016 年 1 月 20 日，核定使用商品为第 33 类，包括酒精饮料（啤酒除外）、酒（饮料）、含酒精果子饮料、含水果的酒精饮料、果酒（含酒精）、蒸馏酒精饮料、威士忌酒、葡萄酒、杜松子酒、鸡尾酒。在中国，原告的企业名称早期被译为"雅斯·埃内西有限公司"。自上世纪 90 年代起，原告一直在对外商业活动中使用"法国轩尼诗公司"的中文译名至今。原告对其涉案商标进行了大量宣传。

烟台皇家路易酒业有限公司成立于 1999 年 1 月 1 日，原企业名称为烟台市坤翔酒业有限公司，经营范围为加工葡萄酒、果酒，于 2004 年 11 月 7 日经注册获得"法思曼/FASIMAN"商标。法国皇家·路易（集团）国际酒业有限公司于 2005 年 9 月注册于香港。

2013 年 3 月 26 日下午，公证员及原告的代理人来到成都市人民北路二段 9 号铁道大酒店"第 88 届全国糖酒商品交易会"展区。在第 8209 号房间，原告的代理人购买了展厅内摆放的"VSOP""皇家里爵""黑方""法思曼牌 X.O（干邑白兰地）""金爵 18""12 年威士忌"酒各一瓶，并取得名片和宣传册各一份。四川省成都市律政公证处出具（2013）川律公证内民字第 17748 号公证书对上述事实予以公证。在孙学坤的名片中列有个人银行账号信息。

在被告烟台皇家路易酒业有限公司所有的网站中，有如下宣传，"烟台皇家路易酒业有限公司始建于 1900 年，注册资金 100 万元，总资产 2800 万元，年产葡萄酒 5000 余吨"，该网站还有被控侵权产品的照片及宣传。在中国酒库网站、红图食品网、中国酒水招商网、007 商务站等网站中均有被告烟台皇家路易酒业有限公司生产的被控侵权产品的照片及宣传。

2011 年 4 月 13 日，高露云（北京）知识产权代理有限公司代表原告致函烟台皇家路易酒业有限公司，内容为：烟台皇家路易酒业有限公司未经原告授权，擅自生产、销售与原告注册的第 3240985 号立体商标外形相近似的产品，已经构成商标侵权。要求被告立即停止在任何产品上使用与第 3240985 号立体商标相同或相近似酒瓶，在相关网页上删除涉案的"XO 干邑白兰地"产品图片并停止销售该款产品，销毁涉案的"XO 干邑白兰地"产品、尚未使用的酒瓶及宣传材料。

2011 年 4 月 24 日，烟台皇家路易酒业有限公司致函高露云（北京）知识产权代理有限公司，内容为：我公司是以生产、销售"法思曼"干红为主的葡萄酒公司。贵司所提烟台皇家路易酒业有限公司涉嫌侵权的"X.O 干邑白兰地"产品系烟台皇家路易酒业有限公司为丰富网站内容、增强网站吸引力而虚构的网上作品，现实中曾搜集类似产品作为宣传样品，仅为营销策略和手段，且未知此为权利人已在中国注册保护之产权。但尊重和保护知识产权一直是烟台皇家路易酒业有限公司遵循之理念，故正式回函深表歉意，并承认已经删除在烟台皇家路易酒业有限公司网站上和 B2B 网站上的"XO 干邑白兰地"图片。

2011 年 4 月 25 日，烟台皇家路易酒业有限公司和法国皇家路易（集团）国际酒业有限公司向原告出具保证书，内容为：我公司已收到贵公司代理人高露云北京知识产权代理有限公司于 2011 年 4 月 13 日发来的"关于贵司'XO'干邑白兰地'产品侵犯法国轩尼诗公司立体商标权"的信函。我公司对于生产和销售形状与法国轩尼诗公司注册的第 3240985 号立体商标相近似的 "XO 干邑白兰地" 产品深表歉意，并特此承诺如下：（1）我公司已经全面停止使用与第 3240985 号立体商标相同或相近似酒瓶于任何产品上，（2）我公司已经删除在我公司网站上和 B2B 网站上的 "XO 干邑白兰地" 产品图片并已经停止销售该款产品，（3）我公司已经销毁全部库存 "XO 干邑白兰地" 产品及尚未使用的酒瓶，并已经销毁全部含有该产品图片的宣传材料，（4）我公司已经销毁侵权照片的底片，（5）我公司保证尊重法国轩尼诗的知识产权，不再从事任何针对法国轩尼诗公司的侵权行为，否则将按照生产的侵权产品数量乘以法国轩尼诗公司对应产品的价格予以赔偿。附：B2B 网站上的 XO 白兰地是由客户传上去的，现在客户已经不做生产，我们公司将尽可能联系到原客户让其删除网站上的宣传资料。

被控侵权产品的纸盒外包装上印有 "Fasiman""法国皇家·路易（集团）国际酒业有限公司" 等文字。被控侵权产品为一扁平葫芦状酒瓶，瓶身上下分别嵌有两个椭圆形，小椭圆上贴有 "XO""Fasiman" 标志，在大椭圆形两侧、下部沿瓶身处，有凸起的葡萄枝叶和果实图案。瓶身后侧的标贴上有 "法国皇家·路易（集团）国际酒业有限公司" 文字。

法院认为，原告经国家工商行政管理局商标局核准依法注册了第 3240985 号 "🔺" 立体商标，享有上述商标的注册商标专用权。根据《中华人民共和国商标法》第 52 条（一）、（二）项规定，未经商标注册人的许可，在同一种商品或者类似商品上使用与其注册商标相同或者近似的商标的、销售侵犯注册商标专用权的商品均构成侵犯注册商标专用权的行为。被控侵权产品与涉案注册商标相近似，属于侵犯涉案注册商标的商品。烟台皇家路易酒业有限公司虽主张其未生产过被控侵权产品，而是法国皇家路易（集团）国际酒业有限公司生产的，但一是被控侵权产品上有其注册的商标，二是被控侵权产品为其销售，三是烟台皇家路易酒业有限公司未提供证据证明法国皇家路易（集团）国际酒业有限公司有生产能力，故其主张，法院不予支持。被告应立即停止侵犯原告第 3240985 号

"🔔"立体商标专用权的行为。

对于两被告的赔偿数额，由于原告未举证证明其因被告的侵权行为所遭受的经济损失，也未证明被告因此所获的利润情况，根据《中华人民共和国商标法》第 56 条第 2 款、《最高人民法院关于审理商标民事纠纷案件适用法律若干问题的解释》第 16 条的规定，本院考虑侵权行为的性质、期限、侵权范围、销售价格、主观过错程度以及原告商标的声誉、商品的销售价格等因素，酌情确定两被告赔偿原告经济损失人民币 100000 元。对于原告主张两被告应在公开媒体上刊登声明以消除影响的诉讼请求，因烟台皇家路易酒业有限公司和法国皇家路易（集团）国际酒业有限公司在向原告承诺不侵权之后，仍继续侵权行为，侵权期限较长，两被告的侵权行为必然给原告的声誉造成不良影响，故对原告要求两被告消除影响的诉讼请求，应予支持。

6.4.4　法院的判决结果

（1）被告烟台皇家路易酒业有限公司立即停止生产、销售侵犯原告第 3240985 号"🔔"立体商标专用权的商品的行为。

（2）被告烟台皇家路易酒业有限公司于本判决生效之日起 10 日内共同赔偿原告雅斯·埃内西有限公司经济损失 100000 元。

（3）被告烟台皇家路易酒业有限公司于本判决生效之日起 30 日内在《中国知识产权报》上就侵害原告雅斯·埃内西有限公司的注册商标专用权行为刊登声明，消除影响（声明内容需经法院核定）。

6.4.5　判例解析

原告在主张被告侵犯其商标专用权的情况下提出其相应使用涉案商标的产品销售价格为每瓶 2000 元以上，被告主张其销售的被控侵权产品价格为每瓶 20 元。虽然提出了销售价格，但仅是通过对比证明被告的侵权行为，而未对损失的程度和数额以及被告获利进行举证，因此法院在裁量侵权数额时还是考虑侵权行为的性质、期限、侵权范围、销售价格、主观过错程度以及原告商标的声誉、商品的销售价格等因素，酌情确定两被告赔偿原告经济损失人民币 100000 元。适用了法定赔偿。

6.5 判例研究：广州百伦诉新百伦商标侵权纠纷案[1]

6.5.1 案件事实

2006 年，新百伦贸易（中国）有限公司在上海成立，负责在中国销售 New Balance 运动鞋系列，并很快占据中国跑鞋市场大部分份额。为适应中国环境，美国 NEW BALANCE ATHLETIC SHOE, INC.（美国新平衡运动鞋公司，以下简称新平衡）公司决定选择一个中文名字"新百伦"来进行宣传和销售，同时，也使用了"新百伦 New Balance"。随着公司的大力宣传及销售，"新百伦"已迅速被消费者所熟知。

而"百伦商标"早于 1994 年 8 月 25 日向国家工商管理总局商标局提出申请，于 1996 年 8 月 21 日获得注册，有效期至 2016 年 8 月 20 日，核定使用商品为第 25 类：服装；鞋；帽；袜。原告周某从案外人继受取得该商标后先后将"百伦"商标授权给广州百伦有限公司，广州市星咖服饰有限公司（以下简称星咖公司）使用。

原告周某基于发展需求还在"百伦"商标的基础上设计出"新百伦"商标，并于 2004 年 6 月 4 日向国家工商总局商标局提出注册申请，2007 年 12 月，被告新平衡公司对原告周某所申请的"新百伦"商标向商标局提出异议申请，认为其近似"NEW BALANCE"商标，涉嫌模仿，要求驳回周某的商标申请。然而 2011 年 7 月 18 日，商标局裁定其异议理由不成立，随后"新百伦"商标获得了注册。

但是随后新平衡公司在未经商标注册人许可的同意下擅自使用"新百伦"商标，造成消费者对于原告和被告产品的混淆和误认，严重损害了原

---

[1] 广东省广州市中级人民法院（2013）穗中知民初字第 547 号。

告周某的商标权益。周某遂于 2011 年 7 月向广州市中级人民法院基于 New Balance 公司的国内子公司"新百伦贸易（中国）有限公司"与经销其商品的"广州市盛世长运商贸连锁有限公司"的侵权行为提起了商标侵权之诉，请求人民法院判令被告新百伦公司立即停止侵权、消除影响，并且还要赔偿损失及支付维权的合理费用。

6.5.2　法院裁判理由及判决结果

人民法院根据原告提出的证据保全要求对被告新百伦公司 2011 年 7 月 28 日后的财务情况进行了证据保全，保全所得材料《利润表》显示，被告新百伦公司 2011 年度的净利润为 − 22227301.48 元；被告 2012 年度净利润为 61982391.71 元；2013 年度截至 2013 年 11 月 30 日的累计净利润为 156022276.9 元。由上述材料可以得出被告新百伦公司侵权期间净利润为 195777367 元。

原告周某诉称：损害赔偿数额应按被告的获利计算，并称其主张赔偿的计算方法为：（1）关于被告盛世公司的赔偿数额，按照被告盛世公司的《专柜协议书》约定的毛利，其毛利额不少于 70 万元，依照同行业标准，其从 2012 年 1 月 15 日至 2014 年 1 月 14 日两年间的利润最少 266000 元，考虑到此为最低数额且被告盛世公司有侵权故意，故原告主张被告盛世公司赔偿 30 万元；同时被告盛世公司在本案中应承担包括公证费 3050 元及购买证物的费用 799 元等在内的合理支出。（2）关于被告新百伦公司的赔偿数额，被告新百伦公司的财务报表显示，被告新百伦公司从 2011 年 7 月至 2014 年 2 月共获利 20 亿元，根据同行业的数据，其利润为 3.89 亿元；按被告新百伦公司的实际营业利润计算，根据财务报表显示达 2.8 亿元，被告新百伦公司 2011 年至 2014 年实际净利润达 2.61 亿元，原告根据其在网络中收集的数据计算得出"安踏""匹克""361 度"等企业 2011~2013 年间各公司的平均毛利率为 35.72%，经营利润率为 19.13%；

被告盛世公司辩称：其所销售的产品，派发的宣传手册及对"新百伦"的使用有合法来源。被告是基于与原告的《专柜许可协议》销售"New Balance"运动鞋产品，且被告新百伦公司亦确认被告盛世公司所销售的"New Balance"运动鞋产品由其供货，涉案宣传册亦是由其提供，所以根据我国《中华人民共和国商标法》第 64 条规定，销售不知道是侵犯注册商标专用权的商品，能证明该商品是自己合法取得的并说明提供者的，不承担赔偿责任。被告盛世公司请求法院驳回原告诉讼请求。

被告新百伦公司辩称：其批发给经销商的部分商品并未使用"新百伦"字样，且被告新百伦的服务、商品设计、商标、品牌均具有价值，这些利润不是使用"新百伦"标识获得的利润，而是靠自己的影响力和营销能力获得的，与侵权行为并无直接关系。所以证据保全中的利润不能作为判断侵权损害赔偿的基础。

广州市中级人民法院经审理查明：

（1）针对盛世公司而言：①被告盛世公司将"新百伦"用于标识其所销售的"New Balance"运动鞋，属于将"新百伦"字样用于商标使用性行为，构成对原告"百伦""新百伦"的商标侵权，应该承担相应的法律责任。②但根据《中华人民共和国商标法》第 56 条第 3 款规定，销售不知道是侵犯注册商标专用权的商品，能证明该商品是自己合法取得的并说明提供者的，不承担赔偿责任。本案中，原告未能举证证实被告盛世公司将"新百伦"字样用于标识其所销售的商品时知道或应该知道行为构成侵权，且被告盛世公司依据与被告新百伦公司签订的《专柜协议书》取得及销售"New Balance"运动鞋产品，被告新百伦公司亦确认被告盛世公司所销售的"New Balance"运动鞋产品由其供货，涉案宣传册亦是由其提供，故被告盛世公司主张其所销售的产品，派发的宣传手册及对"新百伦"的使用有合法来源的意见合理，现被告以此为由主张其不需要承担赔偿责任的意见，本院予以采纳。③但由于被告销售被诉产品的行为已实际侵害原告的注册商标专用权，原告为证明被告侵权事实，而公证购买了被诉侵权产品并进行网页公证保全，原告为制止侵权已支付的合理费用，应由被告承担。综合考虑原告已实际支出的合理费用及原告为出庭而聘请律师所支付的出庭费等因素，确定被告盛世公司应向原告支付合理支出费用5000 元。

（2）针对新百伦公司依据《中华人民共和国商标法》（2001 年修订）

第 56 条规定，侵犯商标专用权的赔偿数额，为侵权人在侵权期间因侵权所获得的利益，或者被侵权人在被侵权期间因被侵权所受到的损失，包括被侵权人为制止侵权行为所支付的合理开支。本案中，原告明确其以被告新百伦公司的获利来确定赔偿数额。根据本院保全的证据材料中已记载被告新百伦公司财务数据及利润数据的情况来看，被告新百伦公司在原告所主张的侵权期间的获利共约 1.958 亿元，综合考虑本案中被告新百伦公司所销售的产品本身没有使用"新百伦"标识，其仅是在销售过程中使用"新百伦"来介绍和宣传其产品，故被告新百伦公司属于销售行为侵权，本院酌情确定被告新百伦公司向原告赔偿的数额应占其获利总额的 1/2，即 9800 万元（含合理支出），超出部分不予支持。

判决结果：（1）被告盛世公司于本判决发生法律效力之日起 10 日内支付原告周某 5000 元人民币；（2）被告新百伦公司赔偿原告 9800 万元人民币。

6.5.3　判例解析

2013 年 7 月，美国知名运动鞋品牌"New Balance"因在中国市场销售中使用"新百伦"字样，被广州市自然人周某提起商标侵权诉讼，广州中院审理认为，原告周某系"百伦"、"新百伦"商标的所有权人，新百伦公司对于使用原告标识行为构成侵权，于 2015 年 4 月 21 日判决该公司赔偿周某经济损失 9800 万元。尽管还在二审中，但该案是目前我国法院判赔偿数额最高的商标侵权案而引起社会广泛关注，这也涉及到商标侵权诉讼中最关键的侵权损害赔偿问题。

6.5.3.1　商标侵权损害赔偿适用的原则及其困境

在知识产权侵权损害赔偿中，最重要的原则有全面赔偿原则，衡平原则和损益相抵原则。其中适用最多的是全面赔偿原则，即"在因侵权人行为造成受害人损失时，要完全赔偿，使受害人恢复到如同侵权行为没有发生时受害人应处的状态"❶。贯彻全面赔偿的目的是在于填补受害人的损

---

❶　王利明. 侵权责任法研究（上卷）[M]. 北京：中国人民大学出版社，2010：609.

失，同时权利人也不能因被侵权而获利。因此赔偿要与侵权行为所导致的损失相当。我国《商标法》第 63 条规定也体现了这一原则，人民法院在确定商标侵权赔偿数额时，首先按照侵权人因被侵权所受到的实际损失确定；实际损失难以确定的，按照侵权人侵权期间所获得的利益来计算；实际损失和获利都不能确认的，参照商标许可使用费的倍数来确定。若都难以确定的，由人民法院根据侵权行为的情节判决给予 300 万元以下的赔偿。无论哪一种原则，他们所达到的效果都应该一样，即使权利人回到被侵权以前的情况，理想状态下，权利人不应因此变得更富有，也不应因此变得更贫穷（即侵权人获利应与权利人因侵权行为所遭受的损失相当）。

但是在商标侵权案件中尤其是反向混淆案件中，此原则事实上并无适用空间，原因在于商标的无形性导致权利的价值和损失难以确定。商标本身价值不像普通有形物那样有一个普遍认可的评估标准，因此难以计算侵权人的损失情况。并且与易于确定财产价值的有形财产相比，商标权的损失取决于权利人的举证能力，选择赔偿的计算方法以及原被告的具体情况。权利人必须提交自己的损失或侵权人所获得利益与侵权人行为相关的证据。

而在现实社会中，权利人要想掌握侵权人获利的证据，需要对被侵权人的账簿、资料等进行翻阅、取证，而要做到这些，没有侵权人的配合是很难的，因为商标侵权损害的证据隐瞒性较高，容易损毁，并且权利人的损失或侵权人获得的利益与侵权人的行为不一定有因果关系。比如当时的市场对于权利人有利，权利人非但不因侵权受损反而获利不少，那如何计算权利人因侵权行为所受到的损失呢？又如，侵权人由于市场及其公司管理和销售能力好，以至于获得的利益远远超出侵权行为所获得的利益，那么又该如何计算？我国《关于审理商标民事纠纷案件适用法律若干问题的解释》（以下简称《解释》）第 13 条规定人民法院可以根据权利人选择的计算方法计算赔偿数额。但是最后选择哪种计算方法，取决于原告的意愿和举证能力，如果原告因为各种原因不能提供第一种计算方法所需的证据并且坚持第二种方法（即以被告所获利益）来计算，法官不能拒绝，因为原告有权选择最有利的计算方法。

6.5.3.2 影响商标侵权损害赔偿数额的因素

根据《解释》第 16 条第 2 款："人民法院在确定赔偿数额时，应当考虑侵权行为的性质、期间、后果、商标的名誉、商标使用许可费的数额，商标使用许可的种类、时间、范围及制止侵权行为的合理开支等因素综合确定。"因此法院在确定损害赔偿数额时，还应该考虑侵权人是否有侵权故意，侵权人为制止侵权所支出的合理费用等因素。确定侵权人是否有侵权故意需考虑侵权人在使用被侵权人商标或销售侵犯注册商标专用权的商品时是否明知此商标已经人注册或此商品是侵权商品。我国《商标法》第 63 条第 1 款规定："对恶意侵犯商标专用权，情节严重的，可以在全面赔偿原则确定基础数额的一倍以上三倍以下确定赔偿数额。"同时我国《商标法》第 64 条也规定了赔偿责任的免除情况，即"销售不知是侵权产品，且能证明自己是合法取得该商品并说明提供者的销售者，不承担赔偿责任。"然而赔偿责任的免除并不影响侵权人承担权利人为证明侵权行为所支出的合理开支。我国《商标法》第 63 条第 1 款规定赔偿数额应当包括权利人为制止侵权行为所支付的合理开支。《解释》第 17 条规定："合理开支包括权利人或委托代理人对侵权行为进行调查、取证的合理费用。"

6.5.3.3 本案中侵权损害赔偿数额的确定

本案中法院选择用"侵权人所得"的 1/2 来确定侵权损害赔偿数额，主要考虑了这几方面因素：（1）权利人的请求如何；（2）是否因反向混淆看似给原告带来的利益而有所特殊保护；（3）侵权人主观状态如何。

本案中，权利人明确表示以侵权所得来计算损害赔偿数额，我国《解释》第 13 条规定权利人若有足够证据证明侵权所的利益并以此为计算方法，那么法院必须采纳此种方法。因此法院以被告的利润为基础来计算损害赔偿数额。

反向混淆，是与正向混淆相对的概念，即商标在后使用人对商标的使用使得消费者误以为在先商标权人的商品源自在后使用人。在本案中，购买"新百伦"商标商品的消费者将原告的"新百伦"当成了被告注册商标。从表面上看，看似是原告搭乘了被告的车，通过被告平衡公司的知名度和商誉扩大了商品的销量，应该是获利才对，何来损失？但是有些企业并不屑于通过此种方式获得利益，它需要的是消费者在购买商品时真真切切地知道所购买的商品是谁旗下的产品。他们不愿搭乘大企业的商誉并与其形成事实上的捆绑关系，因为其认为此种做法凸显不出自己的品牌，会使自己的商品及企业永远是大企业的影子，使自己及产品失去独立身份，不再拥有控制自己商誉及进入新市场的能力。本案中原告认为"反向混淆"行为割裂了原告与自己注册商标之间的特定联系，严重损害了原告的商标权益和商标声誉，抑制原告和授权的商标使用人日后建立和拓展自己商标的价值。因为基于被告的品牌知名度，消费者在发生误购后，忠实于被告的消费者第一时间想到的就是原告是冒用方，目的是为了利用被告的名誉销售自己的产品，而不会想到是被告侵犯了原告商标权，从而使原告商誉受损，影响原告生存空间。法院认为商标法对于商标持有人的保护是一视同仁的，不能因为中小企业实力相对较弱，在遇到强者后来居上时，因搭乘获利而对侵权人有特殊保护。因此，对于反向混淆，同样符合"在类似商品上使用与其注册商标近似的商标，容易导致混淆"的商标侵权行为的定义，而不能因为侵权者的影响力和商誉明显大于被侵权者，被侵权者有所搭乘获利就可以豁免。

同时法院还考虑到被告在侵权时的主观状态，本案中，被告新百伦对商标的侵权是明知的。广州中院经审查认为，原告"百伦"商标早于1996年获得注册，被告可以很容易通过公开渠道查知这一信息。并且因其应当知道新平衡公司提出的对原告"新百伦"商标注册异议以及被商标局裁定驳回异议的事实，但其仍长期使用"新百伦"商标的行为不属于善意使用行为。但综合考虑本案中被告新百伦公司所销售的产品本身没有使用"新百伦"标识，其仅是在销售过程中使用"新百伦"来介绍宣传其产品，故被告新百伦公司属于销售行为侵权，酌定被告赔偿应占其获利总额的1/2。在本案中，盛世公司是基于与新百伦公司的《专柜销售协议》销售其商品，并不知其商品是侵权商品，根据我国商标法的损害赔偿免责条款，被告盛世公司不需要承担损害赔偿责任。但因原告为证明其侵权行为支出了一定费用，因此判决盛世公司给予原告 5000 元作为对原告的补偿。

6.5.3.4 本案中侵权损害赔偿判定的启示

在现实生活，侵犯知识产权的案例时有发生。法院虽然确定了权利人被侵权的事实，但如何确定赔偿数额仍是一大难题。要想解决这个问题，就得最大限度地再现侵权损害事实。但是如何才能再现侵权损害事实呢？这就必须得权利人解决"两个层面的问题：其一是损害赔偿的计算，即损害赔偿数额的客观确定标准问题，实质上是确定静态化的裁判规范标准；其二是损害赔偿数额的主观证明问题，实际上是对其应动态化的诉讼证明过程。"❶ 并且在特殊案件中（如涉及反向混淆）是否需要考虑此种案件的特殊性而对侵权人有所特殊对待？

第一，证据披露和证据妨害制度。我国《商标法》第 63 条规定："人民法院确定赔偿数，在权利人已经尽力举证，而与侵权行为相关的账簿、资料主要由侵权人掌握的情况下，可以责令侵权人提供与侵权行为相关的账簿、资料。""一方当事人通过作为或者不作为阻碍负有证明责任的一方当事人对其事实主张的证明时，行为人应为其妨碍行为承担相应的法律后果。"❷ 设定证据披露和证明妨害制度都是为了解决权力人举证困难的问题，力图将举证责任分给侵权人，使其能够乖乖配合权利人，提交权力人所需要的证据，从而查清侵权获利事实。

要想启动证据披露程序：①必须得当事人申请，因为证据披露程序属于人民法院以公权力介入民事诉讼的证据收集，需要考虑当事人是否愿意公权力干涉，法院不可依职权主动干涉。根据《关于民事诉讼证据的若干规定》第 19 条的规定："当事人及其诉讼代理人申请人民法院调查收集证据，不得迟于举证期限届满前 7 日。"②法院需对申请进行审查，确定侵权人是否有侵权行为。③权利人在提出侵权人有掌握所需证据时，侵权人有权对其是否持有与是否该提交该证据展开辩论。④由法院审查侵权人是

---

❶ 唐丽，谷佳杰. 论知识产权中损害赔偿数额的确定 [J]. 法学评论，2014 (2)：184 –185.

❷ 占善刚. 证明妨害论——以德国法为中心的考察 [J]. 中国法学，2010 (3)：100.

否持有但不愿出示的证据。⑤双方当事人质证。法院组织双方当事人对侵权人提供的证据进行质证，如果侵权人提供虚假证据，参照拒不提供证据原则处理；如果其提供证据真实，据此查明其侵权获利情况，必要时可以进行审计。在本案中，权利人要求其公开账簿资料并申请法院证据保全。人民法院对被告侵权期间的《利润表》《资产负债表》等资料进行了证据保全，并以此认定被告的获利情况。

第二，证据披露和证明妨害制度不适用于法定赔偿。因为此种制度的目的在于确定侵权人因侵权行为获得的利益，从而根据侵权所得计算损害赔偿数额。法定赔偿是在权利人所受损失、侵权人所获利益、注册商标许可费难以确定的情况下，由人民法院依据侵权行为的情节判定给予 300 万元以下的赔偿。这可以说明法定赔偿是兜底原则，是在前三种都不能适用的情况下才适用的。并且法定赔偿是权利人在无法举证证明侵权人获利情况下适用的。因为趋于利己原则，相对于法定赔偿，人们更倾向于选择前两种方法来计算自己的赔偿数额。

第三，禁止反向混淆理论的正当性。法院在确定损害赔偿数额时不能依照表面现象，在此案件中，乍一看原告虽然被侵权了，但是其并没有遭受什么损失，相反还可能因为搭乘被告商誉获利不少，如若法院只看表面现象的话，被告根本不需要赔偿那么多损害赔偿金。但随着企业品牌保护意识和中小企业法律维权意识的日益增强。在具体司法实践中，中小企业状告大企业商标侵权的此类涉及商标"反向混淆"案件越来越多。而诸如此类反向混淆的案件就需要法院是基于客观事实的考虑，而不能主观判断。不能因为中小企业实力相对较弱，因其在大企业侵权同时获利而并没有损失，就认为大企业因侵权所应赔付的损害赔偿金与一般的侵权行为不同而有所区别对待。

无论是实践中法院对商标反向混淆案件中商标权人的大力保护，还是理论上禁止商标反向混淆的正当性，都明确地传递出这样的讯息：商标反向混淆是一种侵权行为，商标反向混淆和正向混淆同属混淆，不应予以特殊保护。禁止反向混淆的正当性原因在于：①保护商标专用权。根据《商标法》第 3 条"商标注册人享有商标专用权，依法受法律保护"。其中，商标专用权是指依法对商标支配的权利，包括商标独占使用权、商标转让权、商标许可使用权等。基于商标的识别功能，即在商品上标识注册商标构成的商标专有权的一项基本权能，商标权人有权禁止他人侵害商标权人对注册商标的专有使用权。因为"赋予商标权人以商标专用权，归根结底是因为他们在使用中建立商标识别性的劳动努力，而这种识别性为权利人带来的竞争利益在道德上是应得到尊重的"❶。在商标反向混淆中也如此，商标权人的在先商标权应得到尊重，当侵权行为人对商标权人的上述法定权利构成侵害时，法律应通过禁止商标反向混淆行为以认定侵权行为人行为的侵权性质，并对侵权行为人加以制裁而维护商标权人的商标专用权。②保护消费者的权益。商标反向混淆可能导致消费者误认，从而增加消费者的搜寻成本。可见，从保护消费者利益方面，也应禁止和制裁侵权行为人的商标反向混淆行为以保护商标权人商标专用权。③维护公平竞争秩序。在商标反向混淆中，相对于强势的侵权行为人而言，被侵权人往往是名不见经传的小型企业，但是法律亦不可忽略这些小的市场主体对正义的呼唤。禁止商标反向混淆正是旨在保护包含众多小型企业在内的在先商标权人的权益，只有这样才能确保所有企业，不论其知名度高低、规模大小、经营好坏、实力强弱，都平等地享有商标在先权和平等地竞争于市场经济中，即对知识产权给予"反不正当竞争的附加保护"。

以上三个案例中，法院对于民事责任均是采用法定赔偿的方式，判决文书此部分也是非常一致：由于原告未举证证明其因被告的侵权行为所遭受的经济损失，也未证明被告因此所获的利润情况，根据《商标法》第56条第2款、《最高人民法院关于审理商标民事纠纷案件适用法律若干问题的解释》第16条的规定，法院考虑侵权行为的性质、期限、侵权范围、销售价格、主观过错程度以及原告商标的声誉、商品的销售价格等因素，酌情确定赔偿金额。从学者们的实践调查中发现法院在作出民事责任判决时法定赔偿占有绝对优势地位，而运用权利人损失和侵权人得利来作出判

---

❶ 冯素平，王保良. 浅谈禁止商标反向混淆的正当性 [N]. 中国工商报 - 商标周刊，2014 - 12 - 18.

决的案例少之又少。

法院在适用法定赔偿时主要从侵权情节的轻重、涉案商标的价值高低，以及侵权行为人的主观过错程度来确定。但目前法院判决对于这一部分太过笼统，并没有给予充分的论证和说理。未来在判决中应注重侵权行为和损害之间的关系。

一是法院对侵权行为的考量。考虑侵权行为规模及时间程度的同时还要利用生活经验对其进行判断，如从侵权产品的特征来考虑，经营规模以及适用的广泛程度；❶ 侵权行为发生时的具体环境，❷ 商品销售的渠道及主要销售商场的规模；原被告之间的竞争关系紧密型，❸ 这会直接影响原告的营业额和利润；侵权行为对社会公众的影响程度，若造成恶劣影响势必会影响权利人的声誉，会给权利人造成更加不利的后果，考虑这一点使权利人的所失利益获得更为全面的救济；侵权行为造成混淆的可能性大小，构成侵权但若公众混淆的可能性较小，则在赔偿中可予以考虑。❹

二是商标价值的高低对法定赔偿的影响。一般来讲，商标的价值与权利人所受损失的程度成正比，但这也不是绝对的。商标价值的高低要考虑商标的广告宣传力度、产品的销售范围、销售时间、销售规模等因素。对于个案而言，关注涉案商标在侵权行为地被消费者的知晓程度对商标的价值有重要意义。若涉案商标的侵权行为地公众知晓程度较高，那么对权利人的权益影响较大；若被告的侵权行为尚未对原告的产品质量声誉和市场销量造成严重影响，那么在认定商标侵权赔偿数额时应该酌情予以考虑。❺

三是主观过错程度对法定赔偿的影响。近代侵权法以"填补损害"为其主要功能目的，责任承担方式即以损害赔偿为主，并且以金钱赔偿为损害赔偿的常态。

前述案例，法官在论证商标侵权和赔偿数额时均考虑了被告的主观过

---

❶ 参见（2012）德中民初字第 146 号民事判决书。
❷ 参见（2011）闽民终字第 353 号民事判决书。
❸ 参见（2007）新民三初字第 043 号民事判决书。
❹ 参见（2009）沪一中民五（知）初字第 106 号民事判决书。
❺ 徐聪颖. 我国商标法定赔偿的现状及反思 [J]. 甘肃政法学院学报，2015（3）.

错程度。民法理论中，侵权人主观过错的有无是判断其应否承担损害赔偿责任的基本前提。那么在商标法定赔偿的问题上也要将侵权人的过错程度作为赔偿数额的重要因素。

我国新商标法规定了惩罚性赔偿，即恶意侵犯商标专用权，情节严重的可以适用惩罚性赔偿，这说明只有侵权人存在主观故意时才会适用惩罚性赔偿，因此主观过错程度不会突破法定赔偿的限制，对主观故意的认定意义在于使法院对案件侵权情节的轻重以及由此造成的危害形成补充性认知，进而为公允、合理的判赔提供保障。

我国商标法规定了四种民事责任承担的方式，先按损失赔偿；在损失难以计算的情况下，按照侵权人的获利赔偿；两者都难以计算的，按照商标许可使用费的合理倍数赔偿；以上方法均无法证明时才适用法定赔偿300万元以下的赔偿。实践中前三种使用很少，一方面是权利人主观上注重侵权认定，而忽视侵权赔偿数额的认定；另一方面前三种赔偿方法证据的认定困难很大，仍然需要进一步完善相关的证据制度。同时商标法还将法定赔偿的数额提高到了300万元，将极大地激发起商标权人寻求法定赔偿救济的积极性，法官也拥有了更大的自由裁量权，法定赔偿并非在任何商标侵权案件中都可以获得无条件的适用，因此在运用时更要谨慎，防止简单化和随意化，要注重说理论证，从而证明法定赔偿的合理性。

第7章

专利侵权赔偿判例研究

7.1　理论概说与争鸣问题

随着经济和科技的快速发展，专利在经济发展中起着越来越重要的作用，人们也更乐于为技术研究投入大量的人力、物力和财力，专利申请量也剧增。但随之而来的是，抄袭盗用公开的专利技术、非法谋取经济利益的现象也日趋增多，专利侵权纠纷案件越来越多。专利侵权损害赔偿是指，因侵权人侵犯专利权而给权利人造成损害时，侵权人所应承担的弥补权利人损失的民事责任。

在专利侵权诉讼中，由于知识产权客体的无形性、侵权的易发性和损害赔偿数额确定的不易性，在认定知识产权侵权事实存在的情况下，如何确定赔偿的数额成为难题。为了解决知识产权损害赔偿案久悬不决的弊端，我国知识产权损害赔偿领域引入了法定赔偿制度。法定赔偿，又称酌定赔偿或定额赔偿，是指在法定条件下，法官在预先规定的额度内综合法定参考因素合理确定赔偿数额的损害赔偿计算方式。[1] 现今我国《专利法》

---

[1]　朱启莉. 我国知识产权法定赔偿适用情形存在的问题与对策研究［J］. 当代法学，2012，(5).

规定的法定赔偿限额为下限 1 万元、上限 100 万元。❶ 只有在权利人的实际损失和侵权人的侵权获利均难以确定，且无专利许可使用费可供参照的情形下，人民法院才可以依法适用法定赔偿。可是法律并没有明确规定法定赔偿的适用细则，使之存在非常大的自由裁量空间。而且司法实务中，大量的侵权案件都是通过法定赔偿方式结案，原本作为兜底条款的法定赔偿方法却被泛滥适用，适用过程中产生的问题也日益突出。

法定赔偿制度的引入，对专利权人主张赔偿额时举证责任的减轻有积极作用，也提高了诉讼效率，使得很多专利权人更愿意通过法律维护自身合法权益。法官有较大的自由裁量权是法定赔偿制度在知识产权领域中最显著的特征，这也是区别于其他制度的最大特征。虽然法官的自由裁量在每个案件的判决中都有或多或少的体现，但是在知识产权领域，法官的自由裁量权体现尤为明显。

7.2 判例研究：家族株式会社诉上海新华联大厦有限公司、台州中诚机电有限公司专利侵权纠纷案❷

7.2.1 案件事实

原告家族株式会社曾于 2004 年 11 月 29 日向上海市第一中级人民法院提出诉前责令上海新华联大厦有限公司、台州中诚机电有限公司两被告停止侵犯其专利权行为的申请，上海市第一中级人民法院于同年 12 月 2 日裁定中诚公司、新华联公司停止侵犯原告发明专利权的行为。2004 年 12 月 23 日，上海市第一中级人民法院就原告提出的证据保全申请，裁定对被告

---

❶ 我国《专利法》第 65 条规定，"侵犯专利权的赔偿数额按照权利人因被侵权所受到的实际损失确定；实际损失难以确定的，可以按照侵权人因侵权所获得的利益确定。权利人的损失或者侵权人获得的利益难以确定的，参照该专利许可使用费的倍数合理确定。赔偿数额还应当包括权利人为制止侵权行为所支付的合理开支。权利人的损失、侵权人获得的利益和专利许可使用费均难以确定的，人民法院可以根据专利权的类型、侵权行为的性质和情节等因素，确定给予一万元以上一百万元以下的赔偿。"

❷ （2004）沪一中民五（知）初第字 247 号。

中诚公司生产的"凯尔 CARE"按摩椅成品一台和 2002 年至今"凯尔 CARE"按摩椅的生产记录及销售财务账册予以保全。

2000 年 8 月 28 日，原告家族株式会社向世界知识产权组织国际局提出名称为"按摩机"的发明专利的 PCT 国际申请。2001 年 3 月 22 日，原告的上述发明专利申请由世界知识产权组织国际局公布，国际公布号为 WO2001/019315，进入国家阶段日期为 2001 年 4 月 26 日，2004 年 8 月 18 日正式获得中国国家知识产权局的授权公告，专利号为 ZL00801803.0。经调查，原告发现被告中诚公司在未经原告许可的情况下，擅自在其生产的按摩椅上实施了原告的上述发明专利，并以相当低的价格予以销售。2004 年 9 月 20 日，原告会同公证员在被告新华联公司处购买了由被告中诚公司生产的"凯尔 610（CARE-610）"按摩椅一台，并作了相应的证据保全。经鉴定，上述按摩椅的技术特征全面覆盖了原告所有的"按摩机"发明专利权的全部必要技术特征。原告以两被告的行为侵犯其专利权为由，诉至法院。

7.2.2 争议焦点

涉讼按摩椅是否落入原告"按摩机"发明专利的保护范围以及被告中诚公司生产、被告新华联公司销售涉讼按摩椅的行为是否构成对原告发明专利权的侵犯。

7.2.3 裁判理由

7.2.3.1 一审法院判决理由

原告诉称：2000 年 8 月 28 日，原告向世界知识产权组织国际局提出名称为"按摩机"的发明专利的 PCT 国际申请。2001 年 3 月 22 日，原告的上述发明专利申请由世界知识产权组织国际局公布，国际公布号为 WO2001/019315，进入国家阶段日期为 2001 年 4 月 26 日，2004 年 8 月 18 日正式获得中国国家知识产权局的授权公告，专利号为 ZL00801803.0。经调查，原告发现被告中诚公司在未经原告许可的情况下，擅自在其生产的按摩椅上实施了原告的上述发明专利，并以相当低的价格予以销售。2004年9月20日，原告会同公证员在被告新华联公司处购买了由被告中诚公司生产的"凯尔610（CARE - 610）"按摩椅一台，并作了相应的证据保全。经鉴定，上述按摩椅的技术特征全面覆盖了原告所有的"按摩机"发明专利权的全部必要技术特征。原告认为，被告中诚公司在未经原告授权的情况下，擅自实施原告的发明专利，被告新华联公司销售未经专利权人许可而生产的侵权产品，两被告的行为均已侵犯了原告的专利权，给原告造成巨大的经济损失，故诉至法院，请求判令两被告：①停止侵权；②登报消除影响；③共同赔偿原告经济损失人民币 200 万元；④承担原告因调查侵权所支出的合理费用人民币 92000 元（包括购买侵权产品的费用人民币18000 元、公证费人民币 4000 元、鉴定费人民币40000 元、律师费人民币30000 元）。

被告新华联公司辩称，其早已停止销售上述涉嫌侵权产品，且原告诉称的情况其并不知情。被告中诚公司辩称，其生产的按摩椅并未实施原告的发明专利，不应承担侵权责任。原告为证明其诉称事实，向法院提交了如下证据：

（1）发明专利证书及权利要求书、说明书，证明原告系上述发明专利的专利权人；（2）被告中诚公司所生产按摩椅的技术参数；（3）购买、送检、搬运系争按摩椅的《公证书》三份及按摩椅实物一台；（4）《司法鉴定报告》；（5）律师函及回复；（6）浙江省科学技术厅《关于认定船舶自动识别系统 AIS 等为 2004 年度第二批省高新技术产品的通知》；上述证据（2）~（6）证明两被告的侵权行为；（7）2004 年 6 月，原告向被告中诚公司的经销商发出的律师函，证明被告侵权的时间；（8）被告中诚公司向工商局提交的审计报告，证明被告中诚公司侵权获利；（9）购买涉嫌侵权产品及公证、鉴定、聘请律师所支出费用的发票，证明原告为制止侵权行为所支出的合理费用。

7.2.3.2 *裁判结果*

上海市第一中级人民法院经审理认为，被告台州中诚机电有限公司未经原告许可，在对原告发明专利进行临时保护的起始日期后、专利授权日前实施原告专利，理应支付适当的使用费。上海新华联大厦有限公司在原告专利授权之后销售系争按摩椅，且不能证明该产品的合法来源，应承担侵权责任。被告上海新华联大厦有限公司停止侵犯原告家族株式会社享有的"按摩机"发明专利权并赔偿原告经济损失人民币15000元；被告台州中诚机电有限公司支付原告专利使用费人民币100000元。

判决后，被告上海新华联大厦有限公司先是不服，提起上诉，后又撤回上诉。

7.2.4 判例解析

在立法层面上，我国《专利法》第65条明确规定了四种侵犯专利权的损害赔偿计算方式，然而从实际运用的效果来看，有90%以上的案件运用的都是法定赔偿这一计算方法来确定损害赔偿额。虽然专利侵权的法定赔偿数额是由法官酌定的，但其法定性还是比较强的，具体体现在以下三点：第一，形式由法律规定。我国对专利权法定赔偿制度是以法律、司法解释等成文法的形式进行规范的；第二，法律规定了适用条件。专利权受到侵害时，法律规定了四种计算方式，排在适用顺位最后的是法定赔偿；第三，赔偿额度由法律规定。法律对法定赔偿设立了1万~100万元的区间，适用法定赔偿时应在这个法定的幅度内判定赔偿额。

7.3 判例研究："制衣工作站中衣架的出站机构"发明专利侵权纠纷案

7.3.1 案件事实

2007年8月13日，刘永华向国家知识产权局申请"制衣工作站中衣架的出站机构"发明专利，并于2009年11月18日获得专利授权，专利号为ZL200710070782.6。2011年1月21日，刘永华将该专利转让给原告，原告已缴纳专利年费至2014年8月13日。现原告发现被告云阳美狄公司使用的智能服装悬挂系统中的衣架出站机构与原告专利几乎一样，而该被控侵权产品由被告瑞鹰公司制造、销售。因此两被告的行为严重侵害了原告的专利权。请求判令：（1）云阳美狄公司立即停止使用被控侵权产品，并销毁侵权产品；（2）被告瑞鹰公司立即停止制造、销售被控侵权产品，销毁半成品、库存品、制造该被控侵权产品的专用模具、图纸等；（3）云阳美狄公司与瑞鹰公司共同赔偿原告经济损失 60 万元（含维权费用）和本案全部诉讼费用。

云阳美狄公司答辩：原告应充分举证证明其专利合法有效及答辩人使用的产品与其专利特征相同；云阳美狄公司作为成衣机械的善意消费者并无侵权的故意，没有相应的专业知识判断机械设备及相关零部件是否涉及侵犯专利权，其所使用的设备是从第二被告瑞鹰公司处合法购买，根据法律规定不应承担赔偿责任；原告要求其停止使用、销毁侵权产品属于滥用权利。云阳美狄公司只是购买安装了相关设备，尚未使用。

瑞鹰公司答辩：原告所诉的云阳美狄公司与其没有任何业务往来，原告所诉的侵权产品与答辩人没有关系。瑞鹰公司与东莞美狄布衣车缝制品进出口有限公司于 2012 年签订销售合同并按照合同约定将生产线发往东莞万江，所以其不承担任何赔偿责任，要求法院驳回原告针对瑞鹰公司的起诉。

一审法院审理查明：案外人刘永华于 2007 年 8 月 13 日向国家知识产权局申请了名称为"制衣工作站中衣架的出站机构"的发明专利，并于 2009 年 11 月 18 日获得专利授权公告，专利号为 ZL200710070782.6，专利权人为刘永华。2011 年 2 月 12 日，国家知识产权局出具专利权人变更手续合格通知书，本专利的专利权人变更为本案原告飞跃公司，目前专利仍处于有效法律状态。

该权利要求书载明：

"1. 一种制衣工作站中衣架的出站机构，设置于制衣工作站出站处的升降臂末端导轨（1）与主轨（2）之间，所述的出站机构包括一根弯曲的出站导轨（3），出站导轨（3）与升降臂末端导轨（1）轴向固定，出站导轨（3）与升降臂末端导轨（1）之间设有在外力作用下出站导轨（3）能相对于升降臂末端导轨（1）沿周向转动的复位转动装置，所述的复位转动装置包括转轴（4）、套于转轴（4）上的轴套（5）和弹簧（6），上述的出站导轨（3）固连在转轴（4）上，所述的轴套（5）装于上述的升降臂末端导轨（1）内侧且与其固连，弹簧（6）的两端分别作用在轴套（5）和转轴（4）上，其特征在于，所述的转轴（4）侧部设有凸出的定位销（4a），所述的轴套（5）上沿其径向设有呈条形的限位孔（5a），且定位销（4a）位于轴套（5）的限位孔（5a）处。

2. 根据权利要求1所述的制衣工作站中衣架的出站机构，其特征在于，所述的轴套（5）通过螺钉固连在升降臂末端导轨（1）上。

3. 根据权利要求1所述的制衣工作站中衣架的出站机构，其特征在于，所述的弹簧（6）为扭转弹簧，且弹簧（6）套在转轴（4）上。

4. 根据权利要求1所述的制衣工作站中衣架的出站机构，其特征在于，所述的转轴（4）通过螺纹与出站导轨（3）相连接，且在转轴（4）上还连接有螺母（7）及弹簧垫圈（8），弹簧垫圈（8）被紧压在螺母（7）与出站导轨（3）之间。

5. 根据权利要求1或2或3或4所述的制衣工作站中衣架的出站机构，其特征在于，所述的出站导轨（3）呈L状且其拐角处为圆弧过渡。

6. 根据权利要求5所述的制衣工作站中衣架的出站机构，其特征在于，所述的出站导轨（3）由空心的圆管制成。

7. 根据权利要求6所述的制衣工作站中衣架的出站机构，其特征在于，所述的出站导轨（3）的外端设有与主轨（2）形状相匹配的橡胶接头（9）。"

本案中，飞跃公司明确主张以上述专利权利要求1~7作为确定本专利保护范围的依据。

东莞美狄布艺车缝制品进出口有限公司与被告瑞鹰公司于2012年3月8日签署合同编号为YYGD－D120307的《销售合同》，约定由东莞美狄布艺车缝制品进出口有限公司向瑞鹰公司购买智能吊挂系统，其中包括车缝工作站，总线数152线。合同约定"首批生产线送到甲方指定工厂（东莞美狄布艺车缝制品进出口有限公司）"。中国银行NO01061144结算业务申请书及相关凭证显示东莞美狄布艺车缝制品进出口有限公司向瑞鹰公司汇款 175560 元。云阳美狄公司与瑞鹰公司签订合同编号为 YYGD－D120305 的销售合同附件（二），该合同就东莞市美狄车缝制品有限公司悬吊线安装、培训等问题进行了约定。双方当事人均认可，一般在车缝工作站中均包含有衣架的出站机构。

诉讼中，一审法院经原告申请，于 2014 年 7 月 9 日到被告云阳美狄公司进行证据保全，对被告云阳美狄公司使用的成衣吊挂系统以及其中衣架的出站机构进行拍照、摄像。在成衣吊挂系统上有与瑞鹰公司享有商标权的商标一致的标识，未发现有其他产品制造商的信息。一审法院当庭组织双方当事人对比，原告指出了被控侵权的衣架出站机构具有原告涉案专利的全部技术特征，被告云阳美狄公司、瑞鹰公司对被控侵权产品覆盖上述权利要求的全部技术特征没有异议。

一审法院认为，本案是关于涉嫌侵犯"制衣工作站中衣架的出站机构"发明专利权的纠纷。原告飞跃公司依法享有涉案发明专利权，并按规定缴纳了专利年费，为有效专利，应受法律保护。根据《中华人民共和国专利法》第 11 条第 1 款规定，发明专利权被授予后，除本法另有规定的以外，任何单位或者个人未经专利权人许可，都不得实施其专利，即不得为生产经营目的制造、使用、许诺销售、销售、进口其专利产品，或者使用其专利方法以及使用、许诺销售、销售、进口依照该专利方法直接获得的产品。本案的争议焦点是被控侵权产品是否侵害了原告的专利权以及二被告侵权责任承担问题。根据查明的事实，依照相关法律的规定，结合双方争议的焦点评述如下：

飞跃公司作为专利权人，其所享有的合法权利受到法律保护，有权禁止他人未经许可，为生产经营目的制造、销售其专利产品。根据《专利法》第 59 条第 1 款规定："发明或者实用新型专利权的保护范围以其权利要求的内容为准，说明书和附图可以用于解释权利要求的内容。"本案原告飞跃公司主张其专利权利保护范围是"制衣工作站中衣架的出站机构"发明专利中的权利要求 1 至权利要求 7，经比对，被控侵权产品的技术特征与权利人主张的权利要求 1 至权利要求 7 所记载的全部技术特征相同，落入了涉案专利权的保护范围。

云阳美狄公司使用的成衣吊挂系统上有与瑞鹰公司享有商标权的商标一致的标识，且未发现有其他产品制造商的信息，在成衣吊挂系统中包含有制衣工作站中衣架的出站机构，瑞鹰公司系服装智能吊挂系统的生产厂家，其并未将该商标标识许可给其他厂家生产相关的制衣工作站的出站机构，可以认定涉案衣架的出站机构由瑞鹰公司生产。瑞鹰公司未经原告许可，以生产经营为目的，实施了原告的涉案专利，其生产涉案衣架的出站机构的行为侵犯了"制衣工作站中衣架的出站机构"发明专利权。我国《专利法》第 70 条规定，为生产经营目的使用、许诺销售或者销售不知道是未经专利权人许可而制造并售出的专利侵权产品，能证明该产品合法来源的，不承担赔偿责任。被控侵权产品的使用者云阳美狄公司主张具有合法来源，应当举示其通过合法的进货渠道、正当的买卖合同、合理的交易价格及支付凭证等证据，证明其从他人处购买该产品。本案中，云阳美狄公司举示的进货合同为案外人东莞美狄布艺车缝制品进出口有限公司与被告瑞鹰公司签订，银行结算业务申请书中的申请人为东莞美狄布艺车缝制品进出口有限公司，合同约定的交货地点为该公司所在地东莞万江。被告云阳美狄公司陈述涉案相关生产线是由东莞美狄布艺车缝制品进出口有限公司整体迁移至云阳美狄公司所在厂房，但并未提供相应的证据予以证明；其提交的销售合同附件（二）是关于东莞市美狄车缝制品有限公司悬吊线安装及培训的内容，不能证明云阳美狄公司使用的涉案生产设备系瑞鹰公司提供。因此，被告云阳美狄公司没有提供充分证据证明其使用的涉案衣架的出站机构具有合法来源，因此不能免除其赔偿责任。

7.3.2 判决理由

被告瑞鹰公司未经原告飞跃公司许可，为生产经营目的制造、被告云阳美狄公司为生产经营目的使用侵犯"制衣工作站中衣架的出站机构"发明专利的产品且不能证明具有合法来源，应当承担停止侵权、赔偿损失的法律责任。根据《专利法》第 65 条规定，侵犯专利权的赔偿数额按照权利人因被侵权所受到的实际损失确定；实际损失难以确定的，可以按照侵权人因侵权所获得的利益确定。权利人的损失或者侵权人获得的利益难以确定的，参照该专利许可使用费的倍数合理确定。赔偿数额还应当包括权利人为制止侵权行为所支付的合理开支。权利人的损失、侵权人获得的利益和专利许可使用费均难以确定的，人民法院可以根据专利权的类型、侵权行为的性质和情节等因素，确定给予 1 万元以上 100 万元以下的赔偿。由于飞跃公司未举证明其遭受的损失及二被告侵权获利的情况，一审法院根据专利权利类型、侵权行为的性质和情节、时间等因素，酌情认定云阳美狄公司赔偿原告飞跃公司经济损失包括权利人为制止侵权行为所支付的合理开支 1.5 万元，被告瑞鹰公司赔偿原告飞跃公司经济损失包括权利人为制止侵权行为所支付的合理开支 10 万元。原告飞跃公司没有提供证据证明被告瑞鹰公司持有涉案侵权专利产品的半成品，亦没证据证明存在制造被控侵权产品的专用模具、图纸等，因此对于原告要求判令销毁半成品、制造该被控侵权产品的专用模具、图纸等诉讼请求，一审法院不予支持。

7.3.3 判决结果

法院依照《专利法》第 11 条、第 59 条、第 65 条、第 70 条，《民事诉讼法》第 142 条之规定判决如下：

（1）被告云阳县美狄实业股份有限公司立即停止使用侵犯"制衣工作站中衣架的出站机构"发明专利权的衣架出站机构；

（2）被告江苏瑞鹰机械有限公司立即停止生产、销售侵犯"制衣工作站中衣架的出站机构"发明专利权的衣架出站机构，并销毁已生产的侵犯"制衣工作站中衣架的出站机构"发明专利权的衣架出站机构；

（3）被告云阳县美狄实业股份有限公司于本判决生效后 10 日内赔偿原告台州飞跃双星成衣机械有限公司经济损失包括权利人为制止侵权行为所支付的合理开支 1.5 万元；

（4）被告江苏瑞鹰机械有限公司于本判决生效后 10 日内赔偿原告台州飞跃双星成衣机械有限公司经济损失包括权利人为制止侵权行为所支付的合理开支 10 万元；

专利侵权赔偿存在客观和主观两方面的难题，其一是损害赔偿的计算即赔偿数额的客观确定标准问题，实质上是确定静态化的裁判规范标准；其二是损害赔偿数额的主观证明问题，实际上是对应动态化的诉讼证明过程。

7.3.3.1 对裁量因素进行量化分析

如何针对专利权类型、侵权行为的性质和情节等因素进行量化研究，是解决法定赔偿裁量因素模糊性的重要举措。就目前的情形而言，人们对法定赔偿的适用条件远未达成共识，而有关法定赔偿量化标准的研究成果更是付之阙如。● 一般而言，专利产品的价值从发明专利到实用新型专利到外观专利是逐步降低的。在我国当前的司法实践中，许多法院都将专利的类型或专利的技术含量作为法定赔偿的考量因素，但对专利质量却鲜有提及。就个案而言，专利质量的高低往往受到专利技术含量、消费需求、市场普及率、盈利预期等多方面因素的综合影响，不能简单地将专利的类型与专利的质量混为一谈。在上海高院 2010 年发布的《关于知识产权侵权纠纷中适用法定赔偿方法确定赔偿数额的若干问题的意见》中，其对衡量专利权价值的因素虽作了较为明细的规定，● 但却未能在案件审理中得到很好的体现。第一，从权利人层面来讲，需要考虑市场对专利产品的需求状况、通过市场检测来确定市场上可获得的非侵权替代品、原告是否有此种能力来生产该种专利产品以及其销售范围，从而确定权利人对于专利产品的掌控力以及该专利产品给权利人带来的盈亏。第二，从侵权人层面上来讲，需要考虑侵权产品的市场竞争力（包括品牌能力、价格能力、销售范围和专利产品市场占有率）和侵权产品的持续时间，以此获得侵权人因专利侵权所获盈亏。第三，从侵权行为后果而言，需要考虑因侵权行为导致权利人专利产品价格和销量的下跌、侵权产品对专利产品声誉造成的负面影响、导致权利人市场份额的萎缩，从而得到侵权人对权利人的致害程度。

● 徐聪颖. 我国专利权法定赔偿的实践与反思［J］. 河北法学，2014，32（12）.
● 根据该《意见》第 8 项的规定，衡量专利权价值的因素包括：（1）专利技术创造性、专利设计显著性；（2）专利技术研发成本、实施情况；（3）侵权行为发生时的合理转让价格、合理许可费用；（4）专利使用许可的种类、时间、范围；（5）市场上同类产品的平均利润；（6）其他可以衡量专利权利价值的因素。

7.3.3.2 综合判断以确定合适的赔偿数额

专利侵权法定赔偿最为关键的是赔偿数额的确定，"损害赔偿数额是侵权诉讼的核心内容，侵权损害责任确认之后，权利人的诉求主要集中于损害赔偿数额的认定"。在认定赔偿数额过程中，法官可以聘请相应的专业人员来对专业问题出具其意见，在适用法定过程中，法官可以将法院已经认定的具有专业性的数据、报告、资料委托相应的中间独立机构，让其出具相应的意见，然后法官结合已经认定的事实，予以认定当事人双方的损益状况，然后对原告的损失予以确认和判赔，以最大程度地实现对权利人的救济，而非低额的无确定依据的赔偿。

在专利侵权法定赔偿案件实际审判过程当中，原告和被告事实上都会提供相应的账簿、发票等资料和数据，并在法庭质证阶段提出各自的损失或者获利的计算方式和最终各自损益状况。法官应当结合查明的事实，依循上文提出的裁量因素给出论证过程，以此来佐证法院进行此判决的缘由，在提高其审判水平的基础上，也能够进一步使得当事人树立对司法裁判的信任。

7.3.3.3 专利权法定赔偿具有适用的特殊性

在我国，专利侵权法定赔偿的适用有严格的适用条件。我国《专利法》规定了损害赔偿额的计算顺位，只有当前三种计算方式都不能确定赔偿数额时，才能够适用专利侵权法定赔偿。第一种权利人损失计算方法适用时，要求权利人提供证据证明自己诉求中的各项损失；第二种侵权获利计算方式适用时，对权利人证明侵权人的成本、如何得出利润等费用有很高的证据要求；第三种按许可使用费倍数的方法适用时，需证明该专利权的许可使用费是否合理。这三种计算方式对举证都有很高的要求，而法定赔偿不要求对各方面都有充分的证据，这也恰恰是法定赔偿适用的便利。该制度要求证明程度跟一般的民事案件不同，也表现出其特殊性。

7.3.3.4 法定赔偿的判定数额过低

法定赔偿虽然是由法官自由裁量的，但赔偿额度也受到法律的制约。

如果权利人遭受了巨大的损失，由于权利人无法对自己的全部损失进行举证，法官只能适用法定赔偿，在严格的赔偿数额区间内进行裁量，无论如何都不能超过100万元。在实践中，我国现阶段专利侵权法定赔偿的一个特点是，法定额赔的数额整体偏低。我国专利侵权法定赔偿的平均数额约为10万元，通常只占到起诉人诉求额的三分之一甚至更低。而专利权人从申请一件发明专利到维持，交给知识产权局的申请和维持费都不低于8万元，在赔偿数额过低的情况下，这些金额根本弥补不了权利人的损失。损害赔偿额的过低将不可避免地带来以下两方面负面效果：其一，抑制专利权人的维权积极性；其二，变相为潜在侵权者实施侵权行为提供了利益激励。

我国《专利法》第65条❶规定了四种确定专利侵权损害赔偿数额的方式，并确定了四种计算方式的适用顺序：第一顺位，按照权利人的损失计算；第二顺位，按照侵权人获利计算；第三顺位，参照专利许可使用费的倍数计算；第四顺位，法定赔偿。尽管法律规定有上述四种计算方式，但在司法实践中专利侵权诉讼依然存在很多问题，如法律制度不完善、原告所失利润或被告侵权获利难以量化和界定、法定赔偿适用比例较高等问题都亟待解决。虽然法律把按照权利人损失计算赔偿数额的计算方法放在首位，且规定法定赔偿末位适用，但在司法实践中多以法定赔偿方式裁定案件，这与我国专利法的立法初衷是不相符的。

7.4 判例研究：丹东市黄海汽车内饰件制造有限公司诉丹东金光汽车配件有限公司侵犯发明专利权纠纷案❷

本案原告黄海汽车内饰件制造有限公司（以下简称"黄海公司"）是

---

❶ 中华人民共和国《专利法》第65条第1款："侵犯专利权的赔偿数额按照权利人因被侵权所受到的实际损失确定；实际损失难以确定的，可以按照侵权人因侵权所获得的利益确定。权利人的损失或者侵权人获得的利益难以确定的，参照该专利许可使用费的倍数合理确定。赔偿数额还应当包括权利人为制止侵权行为所支付的合理开支。"第2款："权利人的损失、侵权人获得的利益和专利许可使用费均难以确定的，人民法院可以根据专利权的类型、侵权行为的性质和情节等因素，确定给予一万元以上一百万元以下的赔偿。"

❷ 辽宁省沈阳市中级人民法院民事判决书（2011）沈中民四初字第366号。

郭某 A 和郭某 B 某项发明专利的独家许可使用人，后经专利权转让成为该专利的专利权人。

原告认为被告金光汽车配件有限公司（以下简称"金光公司"）未经原告以及专利权人许可，擅自使用专利方法，制造、销售依该专利方法直接获得的产品，已构成专利侵权。❶ 遂诉诸法院，请求判令被告停止侵权、停止销售侵权产品、赔偿 90 万元侵权赔偿金及销毁侵权产品和生产模具等。

最终，原审法院判决被告金光公司于判决生效后立即停止侵权、停止销售侵权产品，并赔偿原告经济损失 90 万元、合理费用支出 3 万元。

7.4.1　争议焦点及裁判结果

本案的争议焦点为：（1）金光公司生产涉案侵权产品的工艺中是否存在涉案专利中的"铺盖面料后用真空泵吸附使其平整"的步骤，侵犯黄海公司的专利权；（2）金光公司生产涉案侵权产品的工艺中是否存在"抹压"工序；（3）如果侵权成立，黄海公司的经济损失应该如何计算。其中第 3 个争议焦点是讨论的主要内容。

针对第（1）、（2）项争议，本案一审过程中，原审法院依黄海公司申请对金光公司使用的方法进行了证据保全，并进行了现场勘验。勘验视频显示，被告金海公司使用的生产工艺方法落入了原告专利权保护的范围，构成专利侵权。

针对第（3）项争议，原审法院认为，在追究侵权人的赔偿责任时，可以根据权利人的请求，按照权利人因被侵权所受到的损失或者侵权人因侵权所获得的利益确定赔偿数额。权利人因被侵权所受到的损失可以根据专利权人的专利产品因侵权所造成销售量减少的总数乘以每件专利产品的合理利润所得之积计算。权利人销售量减少的总数难以确定的，侵权产品在市场上销售的总数乘以每件专利产品的合理利润所得之积可以视为权利

---

❶ 《专利法》第 11 条第 1 款："发明和实用新型专利权被授予后，除本法另有规定的以外，任何单位或者个人未经专利权人许可，都不得实施其专利，即不得为生产经营目的制造、使用、许诺销售、销售、进口其专利产品，或者使用其专利方法以及使用、许诺销售、销售、进口依照该专利方法直接获得的产品。"

人因被侵权所受到的损失。● 该案中，被告金光公司没有向原审法院提交其因侵权而获得利益的证据。但金光公司对会计师事务所的鉴定报告的真实性没有异议。且根据某汽车有限公司的购买清单显示，其购买黄海公司专利产品每套价格平均为 6750 元，金光公司共销售给某汽车有限公司被控侵权产品 519 套。会计师事务所的鉴定报告表明黄海公司的利润率为43.05%，金光公司生产、销售侵权产品的平均利润率为 44.5%。经计算，黄海公司因金光公司侵权所受到的损失至少 150 万元。

综上，金光公司生产涉案侵权产品的工艺完全涵盖了黄海公司的专利方法，法院依据某汽车有限公司的购买记录、会计师事务所的鉴定报告，采用按照权利人因被侵权所受到损失的计算方式确定专利侵权损害赔偿数额，支持黄海公司主张金光公司赔偿其经济损失 90 万元的诉请。

7.4.2　判例解析

本案是典型的以权利人的损失作为专利侵权损害赔偿计算方式的案件。应该说本案原告在诉前是经过充分准备和利益权衡的。简单来说，权利人有权选择是以权利人损失或以侵权人获利的方式计算赔偿数额。如果原告选择以侵权人获利的方式计算损害赔偿，可能最终的赔偿额会更高，但其承担的风险更大，不确定性更大，证据也更不易取得，侵权公司遭到专利权人起诉后，存在篡改财务账目或者干脆隐匿、销毁财务账目的可能。也就是说，如果侵权人拒不配合法院的调查工作，专利权人将陷入比较被动的状态，想要获得应有的赔偿就比较困难了。而原告之所以没有选择专利许可使用费和法定赔偿的计算方式，很可能是因为原告的专利产品利润率较高，在起诉之前并未授权任何组织、个人使用该专利，所以也没有专利许可使用费这一说。另外，法定赔偿的数额通常较低，根本无法填平专利权人的实际经济损失。

虽然说在司法实践中，以权利人获利这一方式计算赔偿数额存在诸多困难，但这其中也是有一定技巧的。如果权利人希望以该种方式计算赔偿

● 参见《最高人民法院关于审理专利纠纷案件适用法律问题的若干规定》第 20 条第 1 款。

数额，则需要注意根据实际情况选择合适的计算方式，也需要对披露财务状况作出相应准备，另外，还要注意搜集侵权人在市场上销售的侵权产品数量，这也是长期调查取证的过程。就本案来说，其对司法实践主要有以下三点参考意义：

第一，原告没有按照专利权人的专利产品因侵权所造成销售量减少这一方式计算，而是根据侵权产品在市场上的销售数量来确定权利人的损失赔偿额，这一方式大大降低了权利人的举证难度。因为专利权人很难证明引起专利产品销售数量减少的原因就是侵权产品的出现，即便专利产品销售量减少的总数能够确定，但其原因也并不一定完全是侵权行为造成。而若采用第二种方式进行计算，只要能确定侵权人确已构成侵权，并找出侵权期间侵权产品的销售数据外加计算出侵权产品的平均利润率，便可通过计算来确定权利人的实际经济损失。

第二，黄海公司积极申请法院进行证据保全、联系会计师事务所对所控侵权专利产品的利润率进行计算，并通过调查取证获取了被告侵权产品的销售数量，从而综合各种证据核算出原告因侵权行为所产生的经济损失数额。虽然其数值超过上诉数额，但也并无不当。可见，黄海公司积极寻找证据以免证据灭失，进而获得赔偿的做法是值得其他专利侵权诉讼中的权利人学习的。

第三，本案中法院根据侵权产品的销售数据及核算出的利润率确定以权利人的损失这一第一顺位计算方式而不是采用法定赔偿的方式确定赔偿数额，也值得其他法院针对确定专利侵权损害赔偿数额计算方式的适用问题进行思考。

从本案的案情分析中可以看到，本案争议的焦点是在已经确定被告侵犯了原告的专利权的前提下，选择何种方式确定赔偿数额，计算过程又是如何进行的。由于案件本身存在特殊性，所以我们并不是以个例去比较在法律规定的四种赔偿方式中哪个方式更优，而是要针对本案所选择的赔偿方式作进一步的讨论。

针对以权利人的损失计算赔偿数额的方式，本文从理论和司法实践的角度发现了以下几点问题。第一，以权利人的损失计算赔偿数额的方式具体是怎么进行计算的？有什么适用条件？第二，现行立法、司法解释的相关规定或司法实践的实际运用是否存在问题？如果存在，那么应当如何解决？

以权利人的损失计算赔偿数额的方式反映了一般民事侵权的损害赔偿原则是在于补偿损害，因此，权利人可以得到的赔偿只能是其受到的实际损失，不能获得超过其所受损失的赔偿。❶ 确定权利人的实际损失应包括直接损失和间接损失，也要包括权利人因调制止侵权所支付的合理费用，以达到"判给原告足够的损害赔偿金以补偿因侵权造成的损失"的效果。那么根据《专利法》第 65 条所规定的计算侵权赔偿数额的适用逻辑顺序，其中首要顺序就是按照权利人受到的实际损失来确定赔偿数额。这充分体现了我国对专利侵权实行全面赔偿的原则，因而作为法律规定的第一顺位的适用方式。

但是，此种赔偿数额的确定方式对故意侵权行为并没有遏制作用，其赔偿数额也有可能并不能填平权利人因侵权行为所遭受的损失。在司法实践中，虽然它处于法律规定的第一顺位，但是适用频率并不高，适用条件也有着局限性，因此，我们需要对此方式作全面的剖析，从而探索出解决上述问题的办法。

按照权利人的损失计算赔偿数额的基础是专利权人受到的全部利润损失。根据最高人民法院司法解释❷，权利人因被侵权所受到的实际损失主要有以下两种计算方法。

7.4.2.1　根据专利产品减少的销售量

（1）计算方法：

权利人的实际损失 = 单位专利产品合理利润 × 专利产品减少的销售量

（2）适用条件：

适用这种计算方法的情形是权利人已经实施或已许可他人实施该项专

---

❶ 尹新天. 专利法详解［M］. 北京：知识产权出版社，2011：730.
❷ 参见《最高人民法院关于审理专利纠纷案件适用法律问题的若干规定》第 20 条第 1 款。

利技术，并且专利产品也已投放市场，由于侵权产品亦出现在市场的结果，直接排挤了专利产品的市场地位，导致专利产品滞销或降价竞争求售，使专利权人获利减少。此方法为直接的计算方法，只要权利人能证明其生产销售专利产品的数量以及获利的减少与侵权行为存在因果关系，就能根据相关销售数据算出实际损害。

7.4.2.2　根据侵权人产品的销售量

当权利人专利产品销售量减少的总数难以确定时，可适用下列方法。

（1）计算方法：

权利人的实际损失＝单位专利产品合理利润×侵权产品的销售量

（2）适用条件：

当权利人证明侵权产品的销售量比证明本身专利产品销售量的减少相对容易，或权利人专利产品减少的销售量少于侵权人侵权产品的销售总数时，就可以用侵权产品在市场上的销售的总数来计算。这一计算方式也大大降低了举证难度。其背后的逻辑推理是：被告每销售一件侵权产品，就挤占了原告一件产品的市场份额，则原告少销售了一件产品。❶ 当用此种方式进行计算时，应该充分了解侵权产品在市场上的销售数量并通过财产保全、找第三方机构计算利润等方式掌握相应的证据。同时，因为要在法庭上提供专利产品的合理利润，要做好公开披露其部分财政数据的心理准备。

虽然"权利人实际损失"是最能体现"填平原则"的方法。但是，在司法实践中却不能得到有效地适用。

第一，由于市场情况极为复杂，经营管理不善、竞争对手的竞争力提高、专利产品质量问题、全球经济环境影响、消费需求变化等因素都会导致市场利润下降或产品销量下降。因此，如果把许多原因综合导致的结果完全归责于专利侵权行为就显得不太合理。

第二，权利人在专利权侵权诉讼案件中举证困难；按照民事诉讼中"谁主张，谁举证"的举证责任制度，原告请求侵权人赔偿自己的损失，

❶ 张广良. 知识产权实务及案例探析［M］. 北京：法律出版社，1997：167.

必须证明损失的大小。首先，权利人提供的自己市场利润的损害证据一般是权利人的财务报告、财务账册、合同等，这些证据具有单方性，较易被否定。其次，若侵权人不配合专利权人的取证，或法院调查侵权人产品销售量存在困难，这就使得专利权人无法取得完整的证据，从而无法确定侵权产品的销售数量。

第三，由于我国法院对因果关系证明标准要求高，专利权人对于举证权利人损失和侵权行为之间有因果关系比较困难。首先，因为市场机制的复杂性，专利权人营业利润的减损与侵权行为之间的因果关系难以证明，权利人专利产品的销量减少不一定完全由侵权行为造成，也可能是由于替代物的存在、市场饱和度或者专利产品本身不具优势等其他原因造成。其次，侵权产品的销售量也并不能当然视为权利人可以达成的销售量。如果专利权人的专利产品还未投入市场就遭到侵犯，或是市场上已有该专利产品的替代品，抑或是权利人专利产品的销售量不减反增，此时便无法继续依据这种计算方法确定损失赔偿额了。❶

7.4.3 国外理论与司法实践研究

从对我国损害赔偿方式的统计数据中可看到，法院很少使用利润损失作为确定赔偿额的方式。因为在具体案件中，权利人很难证明损失与侵权行为间的关系，法院对因果关系的证明标准要求很高。

美国专利法认为损失利益是指专利权人因专利权受侵害而损失的销售利益，专利权人如果能够证明"若无侵权行为，其原本能够销售侵权人所销售的数量"，即得以侵权人的销售数量作为其损失的销售数量，并以销售该数量所能获得的利益作为其损失利益。其间因果关系的建立必须经过Panduit Test 四要件的检验：①专利产品有市场需求；②没有可接受的非侵权替代产品；③专利权人具有足以满足市场需求的制造和营销能力；④能够计算出损失利益。判定因果关系的Panduit 规则最早提出来时，证明全部的四个要素是很困难的。所以在随后的判例发展中，法院又引入了市场份

---

❶ 文希凯. 《专利法教程》（修订版）［M］. 北京：知识产权出版社，2011：305.

额理论，对 Panduit 规则做了较为宽松的解释，从而降低因果关系证明标准，最终减轻权利人的举证责任。❶ 此外，因为侵权产品的竞争造成专利产品降价或无法涨价，称为"价格侵蚀"，也是损失利益的一种形式。

日本专利法与美国专利法不同，没有将所失利益的计算直接规定于其特许法上，但日本法院及学者均认为，将其民法关于损害赔偿的一般规定适用于专利侵权损害赔偿之计算上，符合立法目的。因此，依据日本《民法》第 709 条规定，专利权遭受侵害时，可以依专利权人所失利益作为其损害额。在因果关系的认定方面，日本法院已经发展出类似美国实务上的标准，以诸如专利产品在市场上之占有率、其技术效果优越之程度、有无其他替代品存在等因素，判断在无侵害行为之假设情况下，对于侵权物品的需求是否均会转向至专利权人自己的专利产品。一旦认为此需求确有转向的可能时，尚须判断专利权人有无足以因此等需求转向的生产增强能力，以决定专利权人所主张的损害是否确与侵权行为间具有因果关系。

7.5　判例研究：正泰诉施耐德案

7.5.1　案件事实

国家知识产权局授予浙江省温州市正泰集团一项断路器实用新型专利权。2006 年 8 月 2 日，正泰集团以施耐德天津有限公司侵犯上述专利权为由，诉至温州市中级人民法院。正泰集团请求的专利侵权损害赔偿数额为3.3 亿元。温州市人民法院经审理认为，首先被告确系侵犯了原告正泰集团上述专利权，并"全额"支持了原告的诉讼请求，也就是说认可了原告的损害赔偿数额的计算方式。被告不服上述判决，提出上诉，二审人民法院多次主持调解，最终基于原被告双方达成的全球和解协议，双方当庭达成和解。

---

❶ 刘筠筠. 专利侵权损害赔偿问题的探索与比较研究 ［J］. 商业时代，2014（14）：124 – 125.

7.5.2 裁判理由及判决结果

根据我国《中华人民共和国专利法》第 65 条规定❶，从权利人的角度讲，由于无法确定因被告的侵权行为给权利人所带来的实际损失，而被告的侵权获利更是无法获取，如何确定因专利侵权行为给原告带来的损失才能更好地对原告进行补偿，本案无疑给出了相关的提示：通过查阅相关案件资料得知，原告起初在起诉时无法获得被告的侵权获利情况，于是仅在诉讼请求中主张了 50 万元人民币的法定赔偿金。随后，在举证期限内申请司法鉴定，鉴定人员首先从被告施耐德公司的电脑中查到了其销售数量的数据，被告施耐德公司 2004 年 8 月 2 日至 2006 年 7 月 31 日涉案专利产品的销售额为 8.8 亿元，并根据税务等部门提供的公司上报利润数据计算出了原告主张的 3.3 亿元的损害赔偿数额。

浙江省温州市中人民法院做出一审判决的依据为被告因为侵权所获的利润作为计算侵权损害赔偿数额的方式，最终确定了 3.3 亿元人民币的损害赔偿金额，二审人民法院多次主持调解，最终基于原被告双方达成的和解协议而结案。

7.5.3 判例思考

这起涉及巨大金额的专利侵权案件最终以和解的形式落下帷幕。而笔者对此案引发的思考才刚刚开始：诚然本案存在较多的争议焦点，而笔者更加关注的是一审判决中被法院全额支持的专利损害赔偿金额是如何计算出来的。这巨额赔偿金如何确定，确系关系到原被告双方的切身利益。而上述数额又是否合理？如何选择使用合理的计算方式确定出专利侵权损害赔偿数额是本文讨论的问题。而要分析哪种计算方式更加合理必须对《专

---

❶ 根据我国《专利法》第 65 条规定："侵犯专利权的赔偿数额按照权利人因被侵权所受到的实际损失确定；实际损失难以确定的，可以按照侵权人因侵权所获得的利益确定。权利人的损失或者侵权人获得的利益难以确定的，参照该专利许可使用费的倍数合理确定。赔偿数额还应当包括权利人为制止侵权行为所支付的合理开支。权利人的损失、侵权人获得的利益和专利许可使用费均难以确定的，人民法院可以根据专利权的类型、侵权行为的性质和情节等因素，确定给予一万元以上一百万元以下的赔偿。"

利法》第 65 条规定的四种计算方式从理论和实践操作的角度予以分析。

7.5.3.1 权利人损失计算

最高人民法院发布相关司法解释❶，确定权利人所受损失由专利产品因侵权所受损失的销售利润来计算。具体可以用以下两种计算方式表达：

方式一：权利人的损失 = 专利产品因侵权所造成销售量减少的总数 × 每件专利产品的合理利润。

方式二：权利人的损失 = 侵权产品销售的总数 × 每件专利产品的合理利润。

当方式一中的权利人的销售总量无法确定时，可以用方式二替代方式一进行计算赔偿权利人的损失。其背后的逻辑推理是：被告每销售一件侵权产品，就挤占了原告一件产品的市场份额，则原告少销售了一件产品。❷上述计算方式位列赔偿损害计算方式之首，体现了我国对专利侵权实行全面赔偿的原则。以"实际损失"衡量侵权赔偿数额时，有这样的缺陷：其一，即便市场上出现专利侵权产品，专利产品本身的销售数量并非必然下降。专利产品的销量不下降，则其"利润损失数额"自然无从得来；其二，将专利权人的利润损失等同于其实际经济损失将使权利人无法获得全部赔偿。❸ 除此之外，在使用该方法计算时，要确定利润额减少的数额，专利权人必须证明其与侵权行为的因果关系。在实践中，市场情况是非常复杂的，在有些情况下，专利权人要证明利润的下降完全是由于他人的侵权行为所致十分困难。❹

---

❶ 《最高人民法院关于审理专利纠纷案件适用法律问题的若干规定》第 20 条第 2 款规定：权利人因被侵权所受到的损失可以根据专利权人的专利产品因侵权所造成销售量减少的总数乘以每件专利产品的合理利润所得之积计算。权利人销售量减少的总数难以确定的，侵权产品在市场上销售的总数乘以每件专利产品的合理利润所得之积可以视为权利人因被侵权所受到的损失。

❷ 张广良. 知识产权实务及案例探析 [M]. 北京：法律出版社，1997：167.

❸ 张广良. 知识产权侵权民事救济 [M]. 北京：法律出版社，2003：167.

❹ 杨彧. 专利侵权赔偿评估方法的选择——以"压花玻璃"专利侵权案为例 [D]. 西南政法大学，2014.

7.5.3.2 侵权人获利计算

当权利人实际损失难以确定时，法律规定了第二顺序的计算方法，即按侵权人获利计算。这主要是基于侵权行为的违法性，即侵权行为所带来的利益为非法获利，应当归于专利权人所有。❶ 其计算方式如下：

侵权人因侵权获利 = 单位侵权产品合理利润 × 侵权产品的销售量

这种方法也显得比较粗糙，因为侵权人的获利基于其经营方式、策略等原因，可能比权利人的实际损失高，也可能低。以这种方法计算时，必须举证侵权行为与侵权获利之间的因果关系，排除其他因素产生的利润。最高人民法院发布的相关解释进一步地说明了侵权利润，❷ 但仍不够详细。在司法审判实践运用中按侵权人所得利益计算赔偿数额，主要存在的障碍有：首先，上述司法解释中对侵权产品的合理利润选择了营业利润和销售利润两个概念，但应该进一步确定这两种利润的确切含义，或说明可以援引专业标准来解释，减少司法实践中的争议。同时缺乏对完全以侵权为业的侵权人的明确解释，对是否需要考虑侵权人的主观状态没有说明。当侵权人除了销售侵权专利产品外还销售其他产品时，是否就被认定为非完全以侵权为业的侵权者，其判断标准并不明确。其次，按侵权获利计算赔偿数额时，也存在举证方面的困难。

7.5.3.3 按专利许可费计算

当权利人的所受侵权损失和侵权人的侵权获利难以确定时，可以参照许可费的合理倍数计算。参照专利许可使用费的这种计算方法比较简单，易于操作。采用这种方法的前提条件是：赔偿计算方法中的第一、二种方法不适用；有专利许可合同已实际履行；专利合同的许可费不存在明显不合理的情况。关于如何确定专利许可费的倍数，最高人民法院发布的《关

---

❶ 程永顺. 中国专利诉讼 [M]. 北京：知识产权出版社，2005：291.
❷ 《最高人民法院关于审理专利纠纷案件适用法律问题的若干规定》第 20 条第 3 款：侵权人因侵权所获得的利益可以根据该侵权产品在市场上销售的总数乘以每件侵权产品的合理利润之积计算。侵权人因侵权所获得的利益一般按照侵权人的营业利润计算，对于完全以侵权为业的侵权人，可以按照销售利润计算。

于审理专利纠纷案件适用问题的若干规定》● 和《关于当前经济形势下知识产权审判服务大局若干问题的意见》❷ 进行了比较详细的规定。这些规定都要求法院在司法审判中要重点考查许可合同的合理性，合同是否实际履行、备案，避免当事人专为诉讼订立许可合同。

7.5.3.4 *法定赔偿*

法定赔偿作为我国专利损害赔偿计算方法，法律将其置于最末位，即只有在前三种方法都不适应的情况下才可以使用法定赔偿。因此，这是一个兜底性的计算方法。设定法定赔偿原则，在一定意义上是对专利权人保护的一种倾斜。根据民事举证责任，原告必须举证自己的损失或侵权人的获利，然而，现实中基于专利侵权的特殊性，权利人往往很难对此举证，从而处于非常不利的境地。有了法定赔偿的规定，即使原告无法对侵权损害的大小进行明确的举证，法定赔偿也可以依照民法的诚信原则对权利人给予基本的补偿。❸ 法定赔偿也存在一定的局限性。虽然法律明确规定法定赔偿适用顺序处于最末位，但司法审判实践中法院对绝大多数案件采用法定赔偿的原则进行判决，❹ 导致专利审判中采用法定赔偿计算已有滥用之势，阻碍了损害赔偿计算方法的科学化发展。法官具有较大的自由裁量权，《专利法》第 65 条和相关司法解释❺都规定法院可以按专利权的类型、侵权行为性质和情节等因素确定法定赔偿数额，但这些规定都不够详细。

● 《最高人民法院关于审理专利纠纷案件适用问题的若干规定》第 21 条：被侵权人的损失或者侵权人获得的利益难以确定，有专利许可使用费可以参照的，人民法院可以根据专利权的类别、侵权人侵权的性质和情节、专利许可费的数额、该专利许可的性质、范围、时间等因素，参照该专利许可使用费的 1 至 3 倍合理确定数额。

❷ 最高人民法院 2009 发布的《关于当前经济形势下知识产权审判服务大局若干问题的意见》第 16 段：注意参照许可费计算赔偿时的可比性，充分考虑正常许可与侵权实施在实施方式、时间和规模等方面的区别，并体现侵权赔偿金适当高于正常许可费的精神。

❸ 余晖. 知识产权民事赔偿数额的认定 [M] //冯晓青. 知识产权法专题判解与学理研究. 北京：中国大百科全书出版社，2010：278.

❹ 中国专利代理（香港）有限公司法律部. 专利侵权损害赔偿的理论与实践 [J]. 中国专利与商标，2009（4）：4 - 5.（该文指出："在北京、上海、广东、江苏、浙江五个地区的数据样本中，采用法定赔偿的案件占总体比例 99%，许多地方甚至 100%"）

❺ 《最高人民法院关于审理专利纠纷案件适用法律问题的若干规定》第 21 条规定：人民法院可以根据专利权的类别、侵权人侵权的性质和情节等因素，确定赔偿数额。

参考文献

[1] 廖志刚. 专利侵权损害赔偿研究 [J]. 重庆大学学报（科学社会版），2007，13
（3）：91.

[2] 张广良. 知识产权侵权民事救济 [M]. 北京：法律出版社，2003：156.

[3] Paul M. Janicke. Contemporary Issues in Patent Damages, 42 Am. U. L. Rev. 691
（1993）.

[4] 刘京. 专利侵权损害赔偿研究 [D]. 北京：北京化工大学，2010.

[5] 张金强. 论专利侵权的损害赔偿责任 [D]. 吉林：吉林大学，2005.

[6] Marion B Stewart. Calculating Economic Damages in Intellectual Property Disputes [J].
Computer and Internet Lawyer Aug 2005：22（8）：21 – 28.

[7] 李志刚，缪因知. 人格的商业利用 [M]. 北京：北京大学出版社，2007：69.

[8] 郑文艳. 中国专利侵权损害赔偿规定的历史回顾和发展建议 [J]. 法制与社会，
2009（2）：25.

[9] 何育东. 专利侵权赔偿中的技术分摊难题 [J]. 法律科学（西北政法大学报），
2007（3）：161.

[10] 范凌岐. 专利侵权损失赔偿制度研究 [D]. 成都：西南政法大学，2009.

[11] 王利明，杨立新. 侵权行为法 [M]. 北京：法律出版社，1996：55.

[12] 冯晓青，杨利华. 知识产权法学 [M]. 北京，中国大百科全书出版社，
2008：283.

[13] 蒋志培. 专利商标新型疑难案件审判实务 [M]. 北京：法律出版社，2007：
227 – 228.

[14] 梅雪芳，陈晓峰. 知识产权法定赔偿适用问题研究 [J]. 中国发明与专利，2009
（1）：64.

［15］Janice M. Mueller. An Introduction to Patent Law［M］. Citic Publishing House, 2003：316.

［16］Peter S. Canelias, Patent Practice Handbook［M］. Alphen aan den Rijn：Aspen Law & Business, at 19 – 16, 63（2000）.

［17］John M. Skenyon et al, Patent Damages Law & Practice［M］. 2：29, at 2 – 47（1999）.

［18］Donald S. Chisum, Chisum on Patent, §20.03,［4］［c］［vii］at 20 – 516 – 16（2000）.

［19］David A. Haas, Intellectual Property Valuation Course Syllabus［D］. Chicago：The John Marshall Law School, 2000.

［20］Leigh eillis. United kingdom：theory into action：calculating damages payment and accounts of Profit in Patent cases［EB/OL］.

［21］Untied State and United Kingdom – Patent Infringement Damages［EB/OLI］.

［22］［日］和育东. 专利侵权赔偿计算制度：变迁、比较与借鉴［J］. 知识产权, 2009：113.

［23］［日］入野泰一, 淹口尚良. 特许法等一部改正法律［M］. 平成十年法律 51 号及平成十一年法律 41 号, 35.

［24］Hiroya Kawaguchi, The Essentials of Japanese Patent Law, Case and Practice［J］. Kluwer Law – International BV, 2007.

［25］周汉威. 论专利侵权损失赔偿之范围及计算——专利权人所失利益之界定［D］. 台湾：铭传大学硕士学位论文, 2005.

［26］Tokyo D. C. 10. 10. 7, Hanji 1657 – 122.

［27］［日］增井和夫, 田村善之. 特许判例［M］. 有装阁, 1996：285 – 286.

［28］张林佑均. 专利侵权损害赔偿计算之研究——兼论专利侵权损害赔偿诉讼程序及证据法则之适用［D］. 台湾：国立东华大学, 2007.

［29］中山信弘. 工业所有权法（上）·特许法［M］. 平成十四年九月第二版增补版, 弘文堂, 2000：495 – 496.

［30］Allan n. Littman. MonoPoly, Competition and other factors indetermining Patent infringement damages［J］. The Journal of Law and Technology, 1998：2 – 6.

［31］段艳. 试论我国知识产权损害赔偿评估主体的建设［J］. 经济研究导刊, 2011：14.

［32］周晓冰．建立知识产权损害赔偿的"最大程度确定"规则［J］．法苑博览，2008（9）：42．

［33］国家知识产权条法司．专利法第三次修改导读［M］．北京：知识产权出版社，2009：84－85．

［34］陈宗波，李晓秋，姚冰冰．专利法体系化判解研究［M］．武汉：武汉大学出版社，2008．

［35］来小鹏．知识产权法学［M］．北京：中国政法大学出版社，2008．

［36］管育鹰．专利侵权损害赔偿额判定中专利贡献度问题探讨［J］．人民司法，2010．

［37］张智．专利侵权损害赔偿评估制度研究［D］．成都：西南政法大学，2010．

［38］胡海荣，雷云．知识产权侵权适用惩罚性赔偿的是与非——从法经济学角度解读［J］．知识产权，2011（2）：70．

［39］贺宁馨，袁晓东．我国专利侵权损害赔偿制度有效性的实证研究［J］．科研管理，2012（3）：33．